走過金三角

介紹中華民國如何進入緬甸金三角

瞭解臺灣怎樣經營異域反共游擊隊

李學華 著

自　序

　　俗諺所謂「留得青山在，不怕沒柴燒」。我中華民國政府決策當局，在大陸江山變色，情勢急轉直下之際，為了保全實力，立即採取危機處理措施，將國民大會，行政、立法、司法、考試、監察五院，中央政府機關及三軍部隊，全部撤來臺澎金馬，重新建立復興基地，得以扭轉情勢，保住國家命脈，否則臺澎金馬，早已淪入共產黨統治之下，哪裡還能享有今天這般民主、自由、進步、繁榮局面。

　　自我政府遷移臺澎金馬之後，不論行政區域、土地面積，或人口數，都與大陸不成比例。在主觀因素與或客觀條件，相對處於劣勢情況下，幸賴全體軍民堅定信念，支持政府，從不灰心喪志，不怕艱難困苦，發揮道德勇氣，人不分男女老幼，地不分東西南北，大家心手相連，目標一致，貢獻出每個人的智慧與潛力，勇敢面對空前的挑戰，接受嚴酷的考驗，為復興基地的建設，奮發圖強，竭盡心力，不達目的，絕不終止，因為有您也有我。

　　我臺澎金馬復興基地，展開建設初期，雖逢財政困難，融資短缺，甚至缺少推動各項建設計畫所需的資源、人才，與技術。幸賴全體軍民和衷共濟，克服困難，終於穩住陣腳，立於不敗之地。所謂「得道多助，多難興邦」，因而及時獲得美國政府的人道援助，使各項建設計畫，得以順利推動，如期完成，並在短期之內，創造經濟奇蹟，成為亞洲四小龍之首，提前進入開發中國家之林，讓世人刮目相看。您我有幸參與，深感「與有榮焉」！

　　我臺澎金馬復興基地，在過去半世紀以來，除已建立完善的政治制度，也創造驚人的經濟奇蹟，不僅是我們二千三百萬同胞的驕傲，也是　國父孫中山先生思想的具體實現。學者因而提出所謂：「經濟

學臺灣」與「政治學臺北」號召，證明我國已經成為開發中國家的參考典範，也是目前許多國家學習的榜樣，果然實至名歸，當之無愧。真如俗諺所謂「不經一番寒徹骨，怎得梅花撲鼻香」！

我臺澎金馬復興基地，過去驚人的政治成就，與經濟奇蹟，證明我們全國軍民，充分體認「離此一步，即無死所」的道理；發揮「克難創造，人定勝天」的精神；拓展「承先啟後，繼往開來」的局面，迅速扭轉情勢，從無到有，我們終於站起來，勇敢的走出去，讓中華民族五千年的歷史道統得以維繫，悠久文化得以保存，並在我們手中加以發揚光大，也使中華民國百年金字招牌，迄今屹立不搖，堅強地站在自由世界的第一線、民主陣營的前鋒，這是我們兩千三百萬人共同的驕傲與自豪。

孫子所謂：「兵者，國之大事，生死之地，存亡之道，不可不察矣」。當我臺澎金馬復興基地，全面展開各項建設之際，國軍情報部門，也不甘示弱，全體探員，莫不懷著「輸人不輸陣」心情，無時無刻不在挖空腦子，想盡辦法，秉持「主動積極，冒險犯難」精神，抱定「犧牲小我，完成大我」決心，在國家利益為前提下，期能在世界舞臺上，佔有一席之地。情報局滇緬邊區工作小組趁機以「鴨子滑水，不留痕跡」姿態潛入「金三角」地區，祕密經營「異域反共游擊隊」，建立海外反共據點，擴大臺灣生存空間，增進國軍機會訓練，提昇官兵實戰經驗、牽制中共西南側翼，掩護復興基地安全，曾經默默做出貢獻與犧牲，為國家立下不少汗馬功勞。充分證明中華民國「無所不在，無所不能，無所不有」。我們千萬不可否定自己的存在，懷疑自己的角色，輕視自己的地位，小看自己的實力。因為這裡，不僅有您！也有我！

作者原籍四川，寄籍雲南，生於緬甸，落腳臺灣。因日本帝國主義侵略緬甸，而逃回中國大陸；因中國大陸淪陷，而重返緬甸；因成

為臺灣間諜同路人，而離鄉背井；因走上不歸路，而加入異域反共游擊隊；因加入異域反共游擊隊，而進入「金三角」；因走過「金三角」，而留下無數足跡。除為西方反共陣營流過熱血與汗水！也為自由世界，付出了無數的犧牲與奉獻！

作者出生於緬甸，與緬甸有深厚感情。對於歷盡滄桑、受苦受難的緬甸人民，長期任人宰割，寄予無限之同情，也對名不經傳的「金三角」，不時被人抹黑醜化感到忿忿不平。現願以過來人的身分，秉持公平公正態度，將緬甸以及「金三角」的歷史背景、文化發展、自然景觀、環境生態、人民生活情形；我國勢力怎樣進入「金三角」？國軍情報部門如何經營「異域反共游擊隊」？異域反共游擊隊成軍經過？寄居緬甸國土範圍？部隊發展概況？官兵生活情形？為何撤退回國等？分別加以介紹如後，除與讀者分享經驗外，期在有生之年，能夠成為緬甸國的介紹人、「金三角」地區的見證人、異域反共游擊隊的代言人。將數以萬計愛國志士，在異域為國犧牲奮鬥之壯舉，全部公諸於世。

李學華於臺北新店

2007. 08. 28

目次

目次

第一章

帶您進入緬甸

俗諺所謂「一知半解，難成其事」。因此，帶領讀者展開認識緬甸之旅，不僅是一項艱鉅的任務，也是一門高深的學問，說起來容易，做起來困難。首先對於緬甸須有初步的認識與瞭解，然後才有足夠的知識與能力，將緬甸的旅遊地區與觀光景點，分別加以介紹，否則猶如「盲人騎瞎馬，憑摸索前進」，可是件危險的事！所謂「凡事豫則立，不豫則廢」，足以充分說明準備工作的重要性。

作者離開緬甸至今，將近半個世紀，目前異鄉的人、事、物等各方面，多少必然有所改變。此時雖有足夠的勇氣與信心，帶領讀者從事認識緬甸之旅，但這項任務非常之艱鉅，確實很不簡單。所以，在接下來的旅遊過程中，若干疏漏之處，恐將在所難免，敬請讀者見諒！

帶領讀者從事緬甸之旅，行程究竟如何安排？團隊如何帶領？帶到那些地區？認識那些事物？如何進行認識？認識步驟如何安排？等等都需耗費許多精神、體力、時間，從事資料蒐集、彙整、歸納、準備外，還要擬定綱要，勾勒架構，描繪願景，做好精神動員，意志激勵，體能儲備，心情調整，思路培養，士氣鼓舞，促使撰述工作，得以順利進行，進而達成導遊願望，實現領隊夢想。

基於讓讀者迅速進入狀況，加深旅遊印象，也為學術研究人士，提供參考資訊，本章內容將區分為「歷史背景」、「環境特色」、「中緬關係」、「引狼入室」、「物換星移」、「名存實亡」、「枷鎖難除」、「重見光明」、「好景不常」等九個篇幅，逐一分析介紹，但願讀者喜歡。

帶領讀者進入緬甸，從事一趟深度之旅，總不能叫大家空手而回吧？勢必得有所收穫，至少也得留下美好的回憶，才算不虛此行，接下來特地為各位讀者，準備一份簡報，內容包括緬甸的過去與現在，目的要讓讀者對緬甸的歷史背景，文化發展，以及民族浩劫等演變過

程，能有初步的認識，使遊客正確地瞭解，緬甸人民的不幸與遭遇，將讓您共同為他（她）們流下同情的眼淚。

　　當然，在帶領讀者進入緬甸的旅遊過程中，對於旅遊地區的選擇，相關區域背景、生態、風土、人物、環境特色之描述，景點的介紹等，其疏漏之處，恐在所難免。歡迎不吝惠賜批評指正。有勞之處，謹此致謝！現在就出發吧，請跟我來！

▶ 歷史背景篇

　　俗諺所謂「忍一時之氣，免百日之憂」。緬甸王朝，不僅自不量力、好戰成性，竟敢主動挑釁英帝國霸權主義勢力，結果引狼入室，招致無窮後患，最後帶來亡國命運，可說是自食惡果，除因而導致王朝滅亡之外，也使緬甸從此淪為英帝國主義的殖民地。

　　緬甸，是一個歷史悠久而聞名的古國，古稱之為「朱波國」。自六三八年紀元起，至一〇四四年，終於形成統一的國家。之後歷經「四內一外」等五個朝代：所謂「四內」，係指由本國人所治理之朝代，分為三個王朝，一個時期，分別介紹如下：第一個朝代，自一〇四四年至一二八七年間，史稱為「浦干王朝」。第二個朝代，自一二八七年至一五三七年間，史稱為「撣邦時期」。第三個朝代，自一五三七年至一七五二年間，史稱為「東塢王朝」。第四個朝代，自一七五二年至一八八五年間，史稱為「貢榜王朝」。至於所謂「一外」，係指由外來政權所統治的年代，自一八八五年至一九四八年間，史稱為「殖民時期」。也就是大英帝國主義霸權殖民統治期間。

　　自浦干王朝時期開始，緬王基於廣結善緣，積極對中國示好，並向唐朝德宗皇帝呈送朝貢禮，因而形成慣例，直至中英鴉片戰爭，中國戰敗，才得以停止。

　　一二七一年間，中國內政發生巨變，宋亡元興，緬王想藉中國改朝換代之際，停止原對中國之朝貢禮數，因而引發元帝忽必烈不滿，於一二七七年，派軍前往討伐，歷經六年征戰，終於全面掌握緬甸局勢，並自一二八三年起，緬甸正式成為中國之藩屬。

　　緬甸王朝不察國際情勢，竟敢主動挑釁英國霸權殖民勢力，導致兩國先後爆發三次戰爭，最後緬甸不敵，終於在一八八六年，第

三次戰爭中，敗下陣來，結果走上亡國命運，從此成為英國的殖民地，被劃歸為屬殖民地的印度之一省治之，淪為「次殖民地」地位，就連次等國民都不如。

一九三七年，英國政府基於直接處理緬甸殖民地事務需要，決定指派專人擔任緬甸總督職務，負責執行緬甸殖民事務，緬甸人民的基本生活與權利才終於有所改善。

一九四二年，英軍不敵日本武士刀威力，緬甸再被日本軍國主義占領，淪為日本之附庸國。唯此時緬甸內部，卻出現兩股路線，各據山頭，造成分裂局面，其中一股，以爭取獨立自主為訴求，組織義勇軍，聯合日軍，共同抗拒英國殖民餘毒；另外一股勢力，以翁山為首，堅持反對法西斯主義，繼續與英國合作，共同抗拒日本軍國主義的侵略野心。

一九四五年，日本吃了美國原子彈，終於敗下陣來，接受無條件投降宣言，日軍撤出緬甸之後，英國為維護殖民地既得利益，緬甸殖民枷鎖再現，繼續控制緬甸政局，引起緬甸人民極度不滿，全面爆發抗英怒潮。

一九四八年，英國政府在國內外強大民意壓力下，國會終於通過法案，同意放棄對緬的殖民統治，願將在緬殖民政權歸還緬甸自主，讓緬甸恢復主權獨立地位。

一九七四年，緬甸政府將國名，改稱為「緬甸聯邦社會主義共和國」。一九八八年，又恢復原國名「緬甸聯邦」，其英文國名為「Union Of Myanma」，時至今日未曾改變。

所謂「緬甸聯邦」，由來係因全國行政區域，既有省，也有邦，前後兩者各有七個，其中行省部分，如實皆、馬圭、德依達依、勃固、曼得勒、伊落瓦底等七個。至於自治邦部分，如克欽、克耶、克倫、欽、孟、若開、撣等七個，而「金三角」地區，隸屬「撣邦」管轄範圍。

走過金三角

　　緬甸的地理位置，位於中南半島西部，西南部臨安達曼海與孟加拉灣，西北部與印度及孟加拉相傍，東北部與中國相傍，東南部與寮國及泰國為鄰，國土總面積，共計六十七萬八千五百平方公里，約有十八個臺灣本島之大。

　　緬甸的氣候，屬於熱帶季風型氣候，一年分為三季，熱季為三月至五月間；雨季為六月至十月間；涼季為十一月至二月間。由於東西兩面為高山所環繞，中部地區形成南北縱向廣大沖積平原，因受西南季風影響，無法產生對流作用，屬於悶熱型氣候，年平均溫度約27度。但只要不讓陽光直接晒到身體，就會感到涼爽，絕不致使人有難受的感覺。如果會吹口哨，只要口中輕聲吹口哨，保證涼風隨即迎向而來。但美中不足的是，各平原地區每逢雨季來臨，容易氾濫成災，不僅影響到當地民眾的日常生活與安全，也嚴重影響到全國農業之生產活動。

　　緬甸的總人口，根據「Google」全球網路資訊數據顯示，截至二○○四年三月止，約有5,340萬人，顯示緬甸是一個土地面積遼闊，但人口卻不是很多的國家，是個非常適合人類生活的好所在，您喜歡嗎？您的家人雖然無法買給您，但至少讓我帶您進入緬甸，一窺究竟，總該可以吧？

　　緬甸的種族，依照官方公布數據多達135個，其中比較具有代表性，人數也較多者，如緬族、克倫族、撣族、孟族、阿卡族、克欽族、克雅族、欽族等八個族群。若以人口比率而言，則以緬族最大，人數約占全國總人口65%，是緬甸有史以來，除撣邦統治時期，及英國殖民時期外，均長時期主導政局，成為緬甸統治階層龍頭角色的唯一族群，使命之重大，責任之艱鉅，自然不在話下。

　　其次依序為撣族，人數約占全國總人口10%，其中絕大多數居住在撣邦，也是「金三角」地區之主流人口，曾經擁有過統治緬甸的

光榮紀錄；克倫族，人數約占全國總人口8%；若開族、孟加拉族、印度族，人數約占全國總人口3%；華人約有百餘萬人，占全國總人口3%（唯根據瞭解，目前官方尚未正式承認孟加拉族、印度族，及華人等三個族群，為少數民族）；孟族，人數約占全國總人口2%；欽族，人數約占全國總人口2%；克欽族及克倫尼族，人數約占全國總人口1%，至於其他百餘種弱小民族人口數，目前尚無正確統計數據，可供讀者參考，謹此表達歉意。

緬甸的政治制度，因受共產國際企圖赤化世界野心影響，於五十年代率先承認中共政權，並於一九五〇年六月八日，雙方正式建立外交關係，亦步亦趨追隨中共的腳步，彼此以「胞波」（兄弟）相稱，顯示出雙方之友好程度，相互來往頻繁而密切，就中共方面，前總理周恩來先後訪問緬甸有九次之多，至於緬甸領導階層回訪次數，也高達十二次，另外共軍十大元帥之一的陳毅，曾經以中緬關係為題，寫了一首：「我住江之頭，君住江之尾，彼此情無限，共飲一江水」的詩詞，來形容兩國之間的親密關係，可見雙方友好程度，猶如「水乳交融」一般。

反觀緬甸對我中華民國態度，向以仇人一般待之，至於仇我原因，不外我異域反共游擊隊久留「金三角」一帶，遲遲不肯撤離所引起，故與我關係，可謂「雪上加霜，漸行漸遠」，舉凡國際事務緊要關頭時刻，緬甸總是對我極盡打壓為能事，從不手軟。

一九六二年間，軍事將領尼溫領導政變成功，緬甸開始實施軍事獨裁統治，推行所謂「社會主義」制度，政府全面實施「國有公營」政策，私有資產或企業嚴重受到限制，全國經濟發展立即受到影響。目前全國工業人口，僅有170餘萬人，占全國總人口數僅有3.2%，產值約占全國總產值約10%。農業人口卻占全國總人口64%，產值僅占全國總產值60%。一般基層勞動者，普遍缺乏就業機會，在緬甸生活

很不容易，許多人得靠勞力或苦役，辛苦賺點工錢，才能勉強養家活口。

緬甸雖然擁有青山綠水等優良條件，天然資源也很豐富，唯因軍事政府推行「社會主義」路線，屬行鎖國政策，使國家建設發展腳步遠比英國殖民時期更為退步，完全喪失競爭能力，於是爭取獨立至今，已經屆滿一甲子，但絕大多數緬甸國民，生活依然貧窮落後，日子都不好過！

緬甸自紀元以來，形式上，雖號稱是一個獨立國家，但實際上，因造化弄人，國運一直欠佳。先被鄰近的中國強迫就範，變成藩屬之地；後被英帝國主義強行霸占，淪為殖民地，歷經百餘年漫長苦難歲月之煎熬，猶如良家婦女，遇上黑道大哥，在心不甘、情不願情況下，被迫成為大哥身邊的女人，沒名分、沒地位、沒自由、沒享受，還得小心應付，笑臉伺候，任人踐踏，供人蹂躪，稍有待慢，將會招惹橫禍，遭受慘酷懲罰。常年活在黑白兩道大哥威權掌控陰影下，想離也離不了，想跑也跑不掉，為了苟且偷生，只好忍氣吞聲，任意讓人宰割。

所謂「福無雙至，禍不單行」，緬甸歷經強鄰的糾纏控制，帝國主義的霸權殖民統治，遭受喪權辱國之痛。為了爭取國家主權獨立，民族自決，許多愛國志士，曾經付出慘痛的犧牲代價，結果目標雖已達成，夢想也獲得實現。不過諷刺的是，由緬甸人來治理自己的國家之後，人民生活遠不如殖民時期的好，反而顯得更糟，不論國家建設與發展或政府施政績效，遠比英國殖民時期落後許多，果真的猶如中國諺語所謂「王小二過年，一年不如一年」？

所謂「安危他日終須戰，甘苦來時要共嘗」。緬甸各個主要族群過去對外態度，一向「有難同擔」，但居於主流派角色之緬族，掌握國家政權之後，所有權力均由一族獨攬，只圖一黨之私，不肯釋出權

力，讓其他族群「有福同享」，而引發其他族群不滿情緒。緬族主政者為了壓制反對勢力，乾脆一不做二不休，採取軍事獨裁統治，進一步限制人民言論及生活自由，藉機排除異己，就連譽為「緬甸國父」的翁山之女（翁山蘇姬）也不肯放過，只因翁氏極力主張推動政治民主、經濟自由、生活平等基本人權而觸怒當局，遭致常年受到政府軟禁。

軍事執政團領導人好大喜功，犯下嚴重錯誤，選擇推行「社會主義」路線，厲行鎖國政策，製造全民共貧社會，將國家帶入貧窮落後困境，叫緬甸人民「情何以堪」？

過去無數革命志士，前仆後繼，犧牲奮鬥，目的在爭取國家獨立，人民自主，如今卻帶給緬甸人民更多苦難與災害，過去的種種犧牲奮鬥，真不知當初所為何來？這恐怕是絕大多數緬甸人民，始料未及的事，現在除默默承受之外，又能怎樣呢？只怪自己國家命運極差，人民生不逢時！

一九七七年，緬甸政府在不得已情況下，曾經尋求外國援助，依舊「回天乏術」，終至一九八○年，緬甸變成全世界最窮的國家之一，至今所積欠外債金額，高達60億美元。截至二○○三年止，平均國民所得，僅有180美元，人民生活痛苦程度，由此可想而知。

所謂「逆水行舟，不進則退」。緬甸的國運一路走來歷盡滄桑，如今雖無外患，但內憂不斷。但是造成內憂原因，不外有四：其一、政府厲行「軍事獨裁統治」措施，嚴重影響人民生活自由，推行「社會主義」制度，阻礙經濟發展進步，使國家走上貧窮落後局面。其二、國家獲得獨立自主、民族自決之後，官員不思發憤圖強，卻偏愛你爭我奪把戲，施行鎖國政策，嚴重影響經濟發展，導致民不聊生。其三、由於政策發生錯誤，選擇共產赤貧制度，使全國建設發展腳步停滯不前，人民生活及自由情況遠不如英國殖民統

治時期好，此種倒退現象，實在令人費解。其四、緬族掌握政權之後，極力排斥其他族群參政，無法容納其他族群異聲，為了阻撓與排除異己，不惜高壓手段伺候，導致全民怨聲四起，國家社會幾無寧日可言。

人世間的事物，都有正反兩面，若想瞭解其中奧妙，須從不同層面及角度加以觀察研究，才能找出答案。緬甸這個國家，以目前的政治制度而言，確實不符合時代潮流與社會需要，並與人類生活文明進化腳步背道而馳，更與現代化社會距離愈來愈遠，讓人詬病之處實在不勝枚舉，亟待改革之處，更是不計其數。但在生活自由方面，卻又讓人感到驚訝。

生活在緬甸，只要您還活著，且有工作能力，又肯吃苦耐勞，就不怕沒事做，也不怕沒飯吃。一個肯吃苦又耐勞的人，只要有心努力工作，就能靠自己的雙手，憑勞力賺錢，養活自己與家人，不必擔心失業或生活問題。

生活在緬甸，不論任何人，縱然已到山窮水盡地步，一無所有，只要走到鄉村部落，選擇一塊公有土地（因為政府雖已推行國有公營化制度，但地政機關鞭長莫及，人力資源不足，根本無力兼顧管理工作，凡民眾有意願者，大可任君挑選，自由開墾，充分運用，使其發揮國有民享，地盡其利的功能），搭間茅屋，備妥必要農具及種子，捲起袖子，即可展開農耕工作，從事農業生產，使民生問題及時獲得解決，如果規劃有方、生產有道、行銷有法、經營得宜，加上時來運轉，說不定有朝一日，搖身一變，也能成為農場經營者，甚至富甲一方，也說不定。

華人移居緬甸者，除能吃苦耐勞之外，還肯努力打拼，所以，在短期之內就可從無到有，由貧至富，讓人感到驚訝，其過程有如「天方夜譚」一般，但全都千真萬確，光從這點來看，緬甸也算得上是一

個自由國度，人民仍可自食其力，悠遊自在過活。凡能奉公守法、嚴守本分的百姓，只要不從事下列幾項活動：一、不過問政治事務；二、不顛覆政府陰謀活動；三、不參與反共運動；四、不製造社會動亂；五、不擾亂社會秩序；六、不要求政府改變現狀；七、不違背社會善良風俗。政府機構或官員絕不會無謂找人麻煩，保證生活過得平安無事。

　　住在緬甸鄉下或偏遠地區，所謂「天高皇帝遠」，政府根本沒有餘力管，也不想管，甚至更懶得管，只要你（妳）奉公守法、循規蹈矩，就能順遂太平，這樣的社會模式與生活型態，還真叫人有點嚮往，因此，單就這方面而言，緬甸的社會主義制度，其路線或做法，顯然與典型的共產主義式的社會制度路線，有極大的差異。

　　緬甸的國旗，不論造型及色彩，乍看之下與我國國旗非常近似，同樣採用青天、白日、滿地紅三種色系結構繪製而成，長9英尺，寬5英尺，其差異之處，僅有白日圖案部分。緬甸國旗構成色彩及象徵意義，分別介紹如下：

　　藍色代表「和平」；白色代表「純潔」；紅色代表「勇敢」。至於構圖方面，其中白日部分，係於青天中心點，配置一個有十四齒輪之圓環，加上一串帶有四葉片之稻穗，另有十四顆五角星環繞於齒輪之外，象徵全國劃分為七個省、七個邦之行政區域，也象徵廣大工農人民，緊密團結在一起，共同組成聯邦，現今國名，稱為「緬甸聯邦」。

　　至於當初在設計時，是否曾因受到我中華民國國旗結構圖案所影響，卻不得而知。下頁秀出即為現行緬甸國旗式樣，謹供讀者參考與比較。

　　緬甸的首都，自英國殖民以來，一直設在仰光（Yangon），但是根據媒體報導，軍事執政團已決定遷往平蠻，並限期在二〇〇六年

走過金三角

緬甸國旗圖案

四月前完成相關作業。平巒又稱為彬那邦（Pinmana），位於仰光以北約320公里，距離緬甸第二大城（瓦城）約300公里，地處偏遠鄉下，為叢林密布之山地，人煙稀少，目前僅有十餘萬人口。緬甸的林業、農業、畜牧業等三所公立大學設在此地，可見文化水準似乎不算太差。不過，美中不足為該地區公共建設相當落後，除沒港口外，就連公路設施也相當簡陋，並未具備首都設置條件，其遷都目的究竟為何，外界很難理解，據傳係因緬甸軍事政府，一向恐懼美國採取軍事制裁行動，所以進行遷都措施，以防萬一。

此項盲目遷都舉動，根據外國媒體研判，代表緬甸軍事執政團將更加深鎖國政策，積極走向封閉孤立道線。又根據軍事專家分析，此舉目的不外有二：一方面，確保緬甸軍事政權之穩定性與持久性，以利繼續進行獨裁專制極權統治措施。二方面，試圖拉長軍事防衛縱深，萬一美國採取軍事突襲行動，可讓緬甸軍事政府，獲得更多一層的安全屏障。

環境特色篇

　　所謂「風光秀麗，景色迷人」用以形容緬甸的自然環境特色，的確可稱得上「實至名歸」，實際上，緬甸不僅「風光秀麗，景色迷人」，而且還是一個適合人們生存的好地方，也是一個安居樂業的好所在。外國遊客所到過的觀光景點，範圍大多侷限在城市區域或名勝古蹟地區，對於鄉村地區的真實面貌、天然環境生態、人文特色，很難有機會接觸或體驗得到。其中就自然生態而言，絕大部分地區，至今依然維持原始狀態，並未受到人為的污染與破壞，除了得以維持純樸美麗之外，也富有許多神祕色彩。

　　以下僅就其中情況較為特殊且具有代表性部分，提出簡單扼要的介紹，期能增進讀者對於緬甸有更深一層的認識與瞭解。

　　其一、緬甸的高山：不僅面積廣闊，而且坡度陡峭，令人看了敬畏三分。例如位於兩山之間的人，彼此可用肉眼看得到對方的動態，也能聽得到對方的聲音，可是兩人想要會面或交談，可是件困難的事，必須得走上一天半日，才能辦得到，一趟來回路程，就會把人給累死。為了給過路者加油打氣，有心人士，常在山麓之間，豎立勉勵招牌，書寫道「山高沒有人高，路長沒有腿長」等標語，藉以鼓舞士氣，或多或少會讓人忘卻登山勞累之苦。所以，終究有許多華人，不怕山高路遠，不畏艱難困苦，前仆後繼，冒著生命危險，紛紛前往拓荒、創業或淘金，其奮鬥精神的確令人佩服。

　　其二、緬甸的森林：面積廣闊，林地總面積高達3,412萬公頃，覆蓋率占全國總面積約50%強，林木種類繁多，其中馳名全球、享譽世界者如「柚木」，不僅為全球造船的最佳木材，也是緬甸國寶級樹木，所以，緬甸人們將它稱為「樹木之王」。柚木具有高經濟價值，

屬於緬甸主要出產品之一，給這個國家帶來不少的外匯收入。由於森林地面積範圍較廣，不僅有利自然生態發展，也可發揮環境資源的保育功能。其中不乏原始林帶，至今仍舊屬於「處女林地」，從未遭人砍伐或開墾。森林地區因受高山阻隔關係，內部光線普遍不足，日照時間有限，一般而言，每日僅有上午半天看到陽光，下午即轉為陰暗狀態，一旦於午後進入森林，由於能見度不足，容易迷失方向而迷路，如無法及時找到出路，可能就因飢渴、疲勞，或遭受毒蛇猛獸攻擊，或被看起來十分渺小的蚊蟲、螞蝗等叮咬，而走上死亡之路，所謂「來得，去不得」，唯有小心，才是上策。

其三、緬甸的江河：比較有名的如更的宛江、伊洛瓦底江、撒爾溫江、瑞理河、西湯河、湄公河等水系，水資源非常充沛，大小水系，紛紛自西北朝東南而下，途經多屬高山峻谷之間，蜿蜒交錯，流速湍急，聲勢巨力萬鈞，形成天然障礙，不利現代化機動船隻航行，嚴重影響沿岸居民行的問題，以及貨暢其流等運輸之便利。造成此種現象因素，不外有二：一方面，因聯邦政府以及各邦或各省地方政府均感財政困難，無法兼顧民生建設問題；二方面，不論中央或各級地方政府普遍缺乏建築人才與技術，以致所建橋樑屈指可數，使生活在沿岸居民之間往來或從事物資交流，多靠小型動力船隻，或用最原始的獨木舟，為其渡河過江之交通工具，不僅運輸能量有限，而且時常險象環生，嚴重影響沿岸居民行的問題及國家基礎建設與全面經濟發展。若是一個既不愛玩水，也不會游泳，又不會划船的呆頭鵝，想要前往那裡生存發展，可不是件容易的事，所以，行前得有心理準備，否則，到時候可是不好玩的喔！

其四、緬甸的瘴氣：摸不著，看不見，嗅不到，但卻非常危險可怕。瘴氣產生於濕熱之原始森林，或沼澤地區，不要說外來者害怕，就以在地原住民也都畏懼三分，不敢輕易冒險嘗試，一旦有人誤闖危

險區域，輕則生病，重則要命，凡前往那裡謀生發展者，可得事先瞭解狀況，避免發生意外，確保自身安全。

其五、緬甸的螞蝗：在森林之內，萬頭鑽動，到處可見它們的蹤影，不僅多得恐怖，也令人毛骨悚然。螞蝗這種可怕的小怪物，基本上在潮濕酷熱原始森林區域內，處處都有牠們的足跡，表面上，「啞雀無聲，不見蹤影」，實際上，牠們就躲藏在落葉之反面，「以逸待勞，伺機而動」，一旦有人或動物靠近，牠們便能憑熱源追蹤本能，迅速從葉面下移動到落葉面上，以吸盤抓住葉面，探頭向熱源方向大步邁進，動作之敏，速度之快，出乎意料之外，全體動作一致，聲音整齊劃一，有如軍隊一般，然後一擁而上，來個熱情擁抱，加上強吻，尤其恐怖的，莫過於牠們那種來自四面八方的「刷刷聲響」，猶如鬼魅一般，將會使人「不寒而慄」，實在非常可怕！凡路過者，倘若捨不得流下點鮮血，作為買路費，恐怕是很難過關的。

其六、緬甸的蚊蟲：多得嚇人，倘若不被叮咬，算您走運。一旦不幸被牠看中，可是很不好受的。因為那裡的蚊蟲，大多總是「喜新厭舊」，專門愛找外來客人下手，目的只想嚐鮮罷了。好在不是愛您的全部，而只要求一點點而已，千萬不必害怕，牠會很溫柔的，先給您打上麻醉劑，好減少您的痛苦。不過，危險的是，其中不乏「瘧疾斑蚊」，如果您體質虛弱，免疫力較差，不幸碰到，只能怪您運氣不好，鐵定讓您吃不完兜著走，如果不能及時求醫診治，小則使您每日按時發病，弄得苦不堪言，大則會讓您因而病倒，甚至客死異鄉，淪為孤魂野鬼。讀者若有意前往緬甸投資、經商、拓荒，淘金，實現旅遊夢想，必須做好安全準備，攜帶防蚊藥品及治療藥物，以供不時之需。曾經前往緬甸旅遊過的人，想必都有經驗，居住在那裡的人，不論原住民或外來者，上床睡覺，必須掛起蚊帳，不是為了個人隱私問

題，而是預防蚊蟲叮咬，這些小動作，一點馬虎不得，上床掛蚊帳，既不怕春光外洩，也可一夜安眠，確保旅遊安全。

其七、緬甸的猛獸：種類繁多，危險性高，隨時注意防範，才能確保安全。至於猛獸種類，根據過去調查數據，計有野象、犀牛、野牛、野豬、老虎、花豹、黑豹、豺狼、灰狼、蟒蛇、鱷魚等，生性凶猛，令人畏懼三分，敬而遠之，唯恐避之不及。所以，當地人們在夜間都儘量避免外出，以預防不測，降低風險，減少災害。在許多偏遠山區或叢林地帶，每到夜晚，會有肉食動物出來覓食，有時因飢餓難耐，竟敢公然向人類飼養之家畜家禽下手，毫無任何畏懼，如不小心而疏於防範，亟易遭受無謂的傷害或損失。

其八、緬甸的天然資源：物藏豐富，種類繁多，讓人「愛不釋手」，想必也是扁嫂之最愛。至於天然物種，除動植物之外，其中屬於寶藏礦產部分，計有金、錫、鎢、鋁、石油、鋼玉、玉石、紅寶石、翡翠、水晶等，無論質與量，均稱得上冠蓋全球，享譽國際，名滿天下，美不勝收，使來自全球各地的遊客「趨之若鶩」，已成為緬甸外匯收入主要來源之一。這些驚人礦產，大多出產自高山峻谷之間，由於開採技術非常原始，幾乎全以人工進行，加上交通建設落後，運輸工具不足，開採工作不易，等待有心人士，相約前往開發。如果您有興趣前往那裡發展事業，實現淘金夢想，或響應政府「南向政策」號召，大膽前往那裡闖天下、試身手、碰運氣、找機會，假使時來運轉，申請到開採權，保證那裡的金銀財寶，將滾滾而來，讓您荷包滿滿，衣錦還鄉，凱旋歸來。

其九、緬甸的三多，如「佛塔多，廟宇多，僧侶多」：其中最多之「佛塔」部分，幾乎許多城鎮都有，是當今全球佛塔最多的國家，據說數量由緬甸國土最南端排起，可以接到最北端之中國，全程長達1,500公里。其中最具盛名者，如位於仰光之大金塔，一般稱之為

蘇雷寶塔（Sule Pagoda），塔高110公尺，另有六十四座小塔相伴，建造至今已有二千五百餘年歷史，共計使用鑽石、寶石、翡翠高達7,000餘顆，總重量高達3,000克拉，六十八顆紅寶石之其中一顆，據說是當今全世界之最大，所使用金片共計有20,516片，總重量高達七頓，可見規模之宏大，無以輪比，氣勢萬千，景色美麗迷人，令人歎為觀止。在市區西北角，有蘇威達貢寶塔（Shwedagon Pagoda），在市區東南角，則有寶塔堂寶塔（Botataung Pagoda），其規模也很大，值得前往看過究竟。其次多之「廟宇」部分，除山區部落外，幾乎所有城鎮不論規模大小、人口多寡，總會建立一座廟宇，而廟宇正廳將有釋迦牟尼佛大型座姿塑像一尊，供僧侶及善男信女朝拜。第三多之「僧侶」部分，緬甸人總計約有85%的人，信奉佛教，一般通稱之為「小乘佛教」，僧侶總人數約有50餘萬之眾，人數遠超過三軍部隊之總兵力，實在讓人感到驚訝！當然，主要原因在於緬甸的男性，雖不需要服兵役，但到了入學年齡，每一位男孩子都得當三年的僧侶，所以僧侶人數才如此的多。

其十、緬甸的風土人情：自然樸實，純真無邪，待人親切，容易相處。時至今日，仍有大部分地區，因聯邦政府「泥菩薩過河，自身難保」，地方政府則因財政困難，致心有餘，而力不足，故基礎建設相當落後，許多偏遠地區人民，根本沒機會接受正常的義務教育，所以，有少數人確實夠格稱之為所謂「鄉巴佬」。我們若以化外之地、蠻夷之鄉、原始部落來形容他（她）們，似乎也不為過。仍屬原始族群部落的他（她）們，容易自我滿足，與世無爭，待人真誠，沒有心機。一般住在鄉村小鎮者，更是天性善良，和藹可親，尤其絕大多數人，信奉小乘佛教，崇尚自由，愛好和平，一旦長住，您將會喜歡那裡，愛上那裡，甚至留戀忘返。您若願意接近他（她）們！肯跟他（她）們交朋友！您將會愛上他（她）們！

擄獲他（她）們！只要有本事，有勇氣，肯放下身段，拿出真心誠意，便可大膽追求，相信總有一天，他（她）會喜歡您！愛上您！追隨您！一生一世，直到永遠。

　　總之，經過以上介紹，我們初步認識到，緬甸這個國家，不僅擁有許多特色，而且非常地令人嚮往，所以，能夠吸引那麼多華人爭相前往發展，不是沒有原因的。

　　如果有朝一日，讀者也想前往那裡碰運氣、闖天下，實現淘金夢想，或發展個人事業，或從事國際貿易，或從事設置工廠，或從事文化交流活動，或前往觀光或旅行，您可留下美好名聲或足跡，但千萬不要將我們文明社會的污染或亂象帶到那裡，更不可將垃圾留在那裡，避免破壞那裡優美的環境、乾淨的社會、純樸的人性。謹誠摯拜託讀者給予認同和支持！若有冒犯之處，尚請見諒。感恩啊！

中緬關係篇

俗諺所謂「倚人都是假，跌倒自己爬」。過去的緬甸王朝，一向以中國為靠山，抱持有恃無恐態度，竟敢主動挑釁大英帝國霸權殖民主義，最後帶來無窮後患。不料一旦面臨危急存亡之際，中國老大哥卻按兵不動，未能及時伸出援手，在勢單力薄情況下，淪為英帝國之殖民地。如今亦復如此，並未痛改前非，竟又重蹈覆轍，總以中蘇兩強為其靠山，視人民為芻狗，極盡欺壓能事，不顧全球各國政府及人民聲討與達伐，仍舊我行我素，實在令人百思不解。

緬甸的歷史發展過程，根據我國學者著作及相關文獻記載，自六三八年開始紀元，但在十一世紀以前，尚未建立統一政權，全國處於四分五裂狀態，境內共有十八小國，計九大城池，由號稱「王者之驃」所統轄，顯然已出現一統天下雛形。

紀元後七五四年間，驃軍又被中國雲南的南昭王閣羅鳳擊潰，驃王只好伏首稱臣，歸順南昭王，並指派部屬在南昭王部下服役，藉機學習中國武術，接觸中國文化，因而受到中國文化之薰陶。

紀元後八百年，驃王子隨南昭王進入中國，晉見唐朝德宗皇帝，同時送交朝貢禮品，驃王子除榮獲德宗皇帝口頭嘉勉之外，並准予三項賞賜：「一賜書、二賜封、三賜賞」，可稱得上滿載而歸。

三項賞賜以現在來看，實在微不足道，但以當代時空背景而言，一個小國領導者之子，能跟強盛的中國建立友好關係，並有機會晉見當朝皇帝，親自送上朝貢禮品，不是件容易的事，其中三項賞賜，更是難能可貴，對於驃王意義非凡，所以緬甸甘願歸順中國，成為藩屬之地，由此可見一斑。

十一世紀初，藏緬族領袖阿奴律陀崛起，於一〇四四年建立緬甸

史上第一個王朝，稱為浦干王朝，正式完成全國政治統一大業。浦干王朝統治緬甸，時間長達二百一十三年之久，歷經十一位君主，曾經建立三大貢獻：第一、完成全國政治統一工作，建立一統國家。第二、提倡宗教文化活動，開創人文事業。第三、推行睦鄰外交政策。所以，為緬甸帶來安定與繁榮局面。

十二世紀末期，中國內政發生劇變，宋亡元興，朝代輪替。元世祖登基之後，隨即派遣使節赴緬招降，要求緬甸王朝必須履行兩項承諾，其一、繼續服膺中國；其二、援例定期納貢。但緬王以中國改朝換代為藉口，對於前朝舊事，不願繼續履行，使節在無可奈何情況下，無功而返，打道回國覆命，奏請元帝定奪。

元世祖於聽取「緬王不願接受中國要求，悍然採取抗拒行動」奏報之後，隨即派遣使節前往緬甸，帶給所謂「哀的美頓書」，下達最後通牒。但緬王又以中國使節未依緬式禮節晉見為藉口，將其殺害，引起元世祖震怒，於一二七七年間，派遣大軍前往征討，遠征軍所到之處，勢如破竹，銳不可擋，緬軍毫無招架之力，紛紛向南敗退，緬王眼看情勢不妙，棄城向南逃竄，不幸於途中為太子梯柯都所害。緬甸王朝於一二八三年間，正式向中國遠征軍投降，蒲干王朝兩百餘年歷史到此壽終正寢。

元朝大軍底定緬甸混亂局面之後，中國依然沒有併吞或占領緬甸的野心與企圖，但基於穩定緬甸政局、安撫內部人心、恢復社會秩序、維持人民生活常態等事實需要，元世祖於一二八七年間，冊封緬甸太子梯柯都為上緬王，完成正名程序，讓其領導緬甸人民，邁向「穩定中求進步，進步中求發展」之途。元朝的遠征軍隨即於一三○三年間同意退出緬甸，打道凱旋歸國。

元朝遠征軍退出緬甸之後，竟為緬甸帶來百餘年的平靜局面，但不幸又於一五二七年間發生內亂，先是撣族叛軍趁勢占領阿瓦，中

緬甸出現分裂危機。繼於一五五五年間，戰火已延燒至泰國東部。再於一五六三年間，戰火又擴張到寮國永珍，弄得狼煙四起，幾無寧日。

明朝嘉靖皇帝，眼看情勢不妙，必須及時制止，否則後果堪慮，隨即派遣遠征軍前往討伐，及時敉平混戰情勢，儘速恢復原來秩序，並於在一五八四年間，明朝大軍再次征服緬甸，使緬甸重回中國懷抱。

十六世紀開始，緬甸王朝勵精圖治，全力朝向富強康樂之途邁進，唯因各種阻礙甚多，困難重重，所以無法在短期間內獲得突破，直到十七世紀才完成全國統一大業，建立了緬甸一元化的政治體系，可謂功不可沒。

緬甸建國王朝，雖已完成全國統一大業，但也充分瞭解本身國力有限，仍舊不能自外於中國，於是決定進一步朝有深厚淵源之中國靠攏，圖謀國家民族能夠長治久安，因而獲得中國清朝乾隆皇帝冊封，並賜與金印，緬甸從此正式成為中國之藩屬。

縱觀歷史演變過程，中國與緬甸的關係可謂錯綜複雜。因為兩國之間的結盟過程，在形式上，雖有藩屬關係，但實質上，中國從無占據緬甸之企圖或野心。兩國之間的盟約關係，表面看來有點黏，又不會很黏，僅限於所謂「君子之交，淡如水」一般，始終相見如賓，彼此坦誠相待，此正是我東方王道文化與西方霸道文化，最大之差異所在，不像西方帝國主義的殖民式霸道文化，不僅侵略成性，而且吃相難看，尤其手段更是陰狠毒辣，憑藉船堅炮厲優勢，專幹欺凌世界弱小民族的海盜勾當，三不五時四處打劫，甚至強占他國領土，壓迫其他民族，任其指使擺布，達到掠奪他國財產，搜刮他國資源的目的，例如燒殺擄掠姦淫，無所不用其極，足跡所到之處，簡直無法無天，所做所為，既不臉紅，也不氣喘。

　　緬甸選擇依附中國，目的旨在維持兩國和諧關係，避免讓中國有侵略或併吞藉口，算是一種權宜之計，這也許是小國謀求生存之道。不過，事實也證明，中國自始至終視緬甸為兄弟之邦，別無所圖，只要緬甸內政安定，社會秩序良好，沒有刻意製造事端，圖謀改變現狀，繼續與中國維持藩屬關係，也就夠了。

　　中國對緬甸始終保持「順其自然，樂觀其成」的態度，並無積極進取作為，綜觀歷朝交往過程及作法，顯然係採取孔子所謂：「有朋自遠方來，不亦樂乎」心情看待，雖然同意讓緬甸跟中國維持藩屬關係，並接受緬甸朝貢，但中國一直抱持三不政策：「不主動，不拒絕，不負責」，以「既來之，則安之」態度視之，因此，兩國之間能夠長期維持良好的互動關係。

　　兩國之關係，僅以維持現狀為滿足，並無任何改變現狀的計畫與打算。所以，後來緬甸遭遇外患之際，中國也表現出一副「視而不見，聽而不聞」的態度，根本無心過問，「置身事外，見死不救」，從未理會緬甸遭受帝國主義侵略事實，忽視緬甸存亡問題，任其自生自滅，顯然是一種背棄朋友的行為，有失我中華民族一向所強調：以「仁愛為本」及「濟弱扶傾」的立國精神。

　　緬甸遭受英帝國主義侵略之時，中國若能慎謀能斷，做出正確判斷，劍及履及，表現「濟弱扶傾」的仁愛精神，及時伸出援手，展開救援行動，在精神上或物資上，給與緬甸支持協助，甚至必要時派兵前往支援，或許能遏阻英國侵略野心，說不定可維持緬甸局勢，免去日後給中國帶來無窮後患。

　　中國清朝皇帝，視緬甸遭受亡國而不顧，陷緬甸人民於不義，棄緬甸人民不管，既未採取物資援助措施，也沒派兵前往支援協助，最後讓英國侵略行動輕易得逞。此種隔岸觀火態度，見他人陷入水火而不救，有違我中華民族立國五千年來，所謂「己立立人，己達達人，

濟弱扶傾，存亡繼絕」之仁愛精神，對此慘痛歷史教訓，期望我們後代中國人，應該引以為戒，。

　　相反的，緬甸若不淪為英國殖民地，英國將無法在緬甸建立根據地，作為侵略中國之跳板。更不可能在緬甸種植鴉片，來毒害中國，嚴重腐蝕中國人心，打擊中國人士氣，最後帶來百年無窮的災難，使中國從此一蹶不振。

　　中國因遭受鴉片煙毒之危害，導致國勢日益衰退，又因鴉片戰爭，遭受慘痛挫敗，在帝國主義霸權武力脅迫下，簽定史上第一個不平等的「南京條約」，割讓香港領土，賠上巨款，開放五口通商等，簡直到了「喪權辱國」地步，為中華民族帶來莫大的恥辱。

　　中國因遭受鴉片煙毒危害，導致國力維艱，原有優勢正在日漸衰退之中，日本軍國主義眼看機會難得，趁勢發動「甲午戰爭」，侵犯朝鮮半島，唯因此時之中國，已經「泥菩薩過江，自身難保」，只有坐以待斃，根本無法遏阻日本侵略企圖，讓日本輕而易舉奪取朝鮮半島，實現併吞野心。中國再次遭受嚴重挫敗，被迫簽定所謂「馬關條約」，除喪失朝鮮半島主權外，還割讓遼東半島、臺灣及澎湖給日本，並賠上巨額款項，使中國走上萬劫不復之途，幾乎到了亡國滅種地步，實在令人痛心疾首。

　　總之，如今探討失敗原因，就個人觀點而言，似該歸咎滿清皇朝，自恃過高，唯我獨尊，忽視外邦存在事實，不管外邦進步文明，只知坐井觀天，高官觀念保守，下屬思想落伍，不察國際情勢，片面採取鎖國政策，自我封閉孤立，不願與他國交往，無法接觸西方科學技術文明，致使文功武備嚴重落後，凡事技不如人，一旦遇到西方列強，毫無招架之力，雖然人多勢眾，但卻虛有其表，根本不堪一擊。

　　英國進兵侵犯緬甸之際，事實上，中國毫無任何戰爭應變準備，既沒還手機會，也乏招架之力，情勢已急轉直下，讓英國侵略野心輕

而易舉得逞，最後終使緬甸走上亡國之路，讓緬甸人民長期遭受帝國主義殖民統治。

這段歷史悲劇的起因，固應歸罪於緬甸王朝，過分狂妄自大，主動挑釁帝國主義霸權勢力，導致「自食惡果」，為自己國家與人民帶來無窮後患與災難，實在情何以堪。不過，追根究柢結果也發現，中國政府抱持「見死不救」的態度，恐怕也難辭其咎，所以中緬之間的藩屬關係，若用所謂「有酒有肉多兄弟，急難可曾見一人」，這句話來形容，似乎一點也不為過。

▶ 引狼入室篇

　　俗諺所謂「是非之為多開口，煩惱皆因強出頭」。在十七世紀末期，緬甸王朝狂妄自大，誤以為自己國家兵強馬壯，外有強盛之中國為靠山，於是有恃無恐，一時好戰成性，根本不察國際情勢，在事先未知會中國情況下，竟敢招惹是非，主動挑釁英國在印度殖民勢力，貿然採取西進政策，先併吞印、緬未定界上之阿臘干，英國不予理會，亦未採取干預行動，使緬甸侵略行動輕易得逞，因而繼續對英國殖民勢力展開更進一步挑釁，製造「引狼入室」禍根，帶來「國家淪亡」的嚴重後果。

　　十八世紀初期，緬甸王朝因第一次冒險行動，竟然不費吹灰之力，輕易得逞，所以滋生「食髓知味」與「貪得無厭」念頭，打算伺機再次擴大領土範圍，趁機占領印緬未定界上之曼尼坡及蘇巴諾島，並向英屬東印度公司下達通牒，要求割讓印度境內之羅牟、吉大港、牟斯達巴達等領土，引起英國不滿，導致英緬第一次戰爭。結果緬甸不敵，敗下陣來，在英國逼迫下，簽定史上所稱之「敏楊條約」，造成割地賠款下場，給緬甸帶來無窮後患。

　　此次領土糾紛，雖引發雙方訴諸戰爭解決問題，但也使雙方因而維持和平相處局面，時間長達十餘年之久。不幸又因緬甸王朝錯估形勢，一再蠻橫自大，拒絕禮遇英屬東印度公司駐緬官員在先，虐待英屬商人於後，於是英屬東印度公司總督大為震怒，先以史上所稱「哀的美敦書」送交緬甸王朝，下達最後通牒，同時索賠巨款，遭到緬王拒絕，最後引發英緬第二次戰爭。英軍獲得空前勝利，強行占領下緬甸，最後半壁江山也在英國的槍口下，淪為殖民地，之後也成為英國併吞緬甸的根據地。

走過金三角

十八世紀末期，英國軍隊假第二次戰爭勝利之名，恣意將下緬甸占為己有，遲遲不肯撤軍，讓緬甸喪失一半領土與主權，緬王心有不甘，秘密進行部署，打算尋求外國勢力協助，以發揮裡應外合作用，伺機採取軍事行動，一舉收復失土，將英國勢力逐出緬甸，恢復領土完整與主權獨立自主地位，維持國家統一局面。

緬甸王朝操之過急，竟私下與法國簽訂密約，同意讓法國商人享有在緬經貿特權，不料機密外洩，其企圖被英軍識破，英國遂採取先發制人措施，對緬展開壓制行動，引發英緬第三次戰爭，由於雙方實力太過懸殊，緬軍毫無招架之力，再度敗下陣來，英國再度獲得空前勝利，終於在一八八六年間，實現其占據全緬甸領土之野心。

緬甸王朝收復失土意志堅定，信心滿滿，唯因計畫不周，方法不當，準備不足，事機不密，加上魯莽行動，草率行事，導致事機敗露，結果弄巧成拙，造成所謂「抓雞不著蝕把米」的亡國後患，讓英國有機可乘，一舉占領緬甸，進行長期殖民統治，時間長達半世紀之久。不僅讓英國伺機擴大在東南亞地區的勢力範圍，而且緬甸也成為英國侵略中國的根據地。

英國占領緬甸之後，並未在緬設置總督職位，僅將緬甸劃歸印度之一省而治之，隸屬英國東印度公司總督管轄，由總督指派省督治理緬甸事務。英國占領緬甸之後，為求長治久安之計，避免惹怒中國，引發中英對峙局面，給自己帶來無謂困擾，影響在緬既得權益，原緬甸十年一次對中國之朝貢活動，同意維持不變，繼續按照慣例辦理。而該項朝貢活動直至中英爆發「鴉片戰爭」，中國吃了敗戰，總算才得以免除。總之，上述例子充分顯示一個國家，或一個民族，一旦領導人魯莽行事，容易將國家及人民帶往危險道路，小者斷送個人前途，大者給國家及人民帶來無窮災難，甚至造成亡國之痛，結果將讓人民的日子不好過。

▶ 物換星移篇

　　俗諺所謂「前門拒虎，後門進狼」。英國殖民統治緬甸期間，其文武官員及眷屬，甚至英商及其眷屬，不問身分職位高低，一律享有優越地位，受到豐厚待遇，生活極盡奢華能事，不管緬甸人民生活、疾苦與死活。可是萬萬沒想到，一旦面對日本軍國主義的武士刀，簡直不堪一擊，瞬間成鳥獸散，紛紛落跑印度、南巴基斯坦（現已成為獨立國家，國名稱為孟加拉）避難，將緬甸轉手讓給日軍接管，使緬甸人民再次成為代罪羔羊，所以，當時緬人將此兩大侵略成性的帝國主義，形容成所謂「走了舊惡霸，來了新流氓」，兩大惡霸之間，一路狼狽為奸，毫無任何差別可言，緬甸人民只有自嘆無奈，只怨自己國力有限，無法跟帝國（軍國）主義周旋抗衡。

　　所謂「兩虎相爭，必有一傷」。日本軍國主義採取南向政策，一舉揮軍輕易占領緬甸，使英國帝國主義遭受慘敗命運，主要原因在於英國始終抱持一相情願態度，異想天開，只圖繼續做殖民統治美夢，根本不懂日本軍國主義蠻橫霸道的陰謀詭計，也不明瞭日本軍國主義侵略中國的真正目的是想實現稱霸世界之野心。英國想在日軍侵略中國戰爭之中，能夠置之事外，獨善其身，進而隔岸觀虎鬥，竟私下與日本簽定互不侵犯友好條約，同意日本對中國進行侵略行動，好讓日軍在三個月內解決中國問題，除想分一杯羹外，更避免將戰火延燒到緬甸，影響殖民統治利益。最後出乎意料之外，「抓雞不著，還蝕把米」。

　　日本軍國主義侵略中國戰爭，經過五年漫長歲月，仍然無法打敗貧窮落後的中國，最後逼使日軍改變進攻計畫，採取西進戰略，借道緬甸進攻中國，充分證明英國犯下引狼入室錯誤，帶來慘敗後果，不

僅將緬甸殖民地拱手讓給日本軍國主義，也陷緬甸人民於不義，實在罪大惡極。

日本軍國主義為開拓南亞戰線，實現西進戰略構想，竟不顧國際形象，食言而肥，除不理會與英之間的合約關係，擅自宣布毀約，尤其更充分運用「以夷制夷」手段，全面進行策反運動，廣泛結合緬甸反英勢力，發揮裡應外合作用，號召緬甸人民，群起參與抗拒英帝國主義行動，假藉抗英之名，達到占領之實。所以，不費吹灰之力，完成占領緬甸的軍事目的。

日本軍國主義進兵緬甸，為避免招致英美海空夾擊風險，竟捨棄經由海上正面攻擊戰術，採用孫子兵法所謂「出其不意，攻其不備」戰法，借道暹羅進入緬甸，使用穿心戰術，在神不知鬼不覺情況下，日軍越過叢山峻林，以迅雷不及掩耳的行動，於一九四二年三月九日，一舉攻入緬甸首都──仰光，英軍措手不及，立刻敗下陣來，紛紛狼狽落跑，緬甸再度淪入日本軍國主義統治之中。

日軍進入緬甸簡直勢如破竹，銳不可擋，在進攻過程中，除遭遇少數英軍零星抵抗外，絕大多數部隊未戰先敗，紛紛鳥獸散，其中來不及逃走者只好就地投降，最後被送往舉世聞名的亞洲戰俘營從事做奴工，縱然沒有死，也剩半條命。可見英國殖民統治期間，不論軍隊或官員，甚至英商，平日趾高氣昂，耀武揚威，實際上，一旦遭遇強敵，簡直不堪一擊，最後被打得落花流水，含淚撤離緬甸，逃往印度或孟加拉避難。

所謂「明知不是伴，事急且相隨」。雖然英帝國主義侵略成性，曾對中國不義於前，但我中國政府仍舊不計前嫌，採取以德報怨的態度，積極發揮人道精神，及時派出遠征軍前往緬甸救援，使英軍得以脫困，否則，其後果恐將更加難以想像。

▶ 名存實亡篇

　　俗諺所謂「黃鼠狼給雞拜年，沒安什麼好心眼」。日本軍國主義侵略中國戰爭，歷經五年仍舊一籌莫展，不僅侵略行動全面陷入膠著狀態，而且消滅中國計畫毫無勝算，於是將歪腦筋動到英國殖民地──緬甸頭上，不惜片面毀約，竟跟英帝國主義使用所謂「翻臉不認人」態度，暗中採取秘密行動，改變攻擊計畫，「假借道之名，達占緬之實」，其目的不外有二：其一、日本早已覬覦緬甸豐富的戰略資源，足供作為進兵中國之戰爭所需；其二、日軍可借道緬甸，進攻中國，擴大封鎖範圍，斷絕中國外援物資路線，以利日軍占領中國計畫能夠早日達成。

　　日軍西線策略果然發揮預期作用，進攻緬甸之軍事行動於一九四二年三月大致宣告抵定，一舉攻下緬甸，達到占領目的。當然日軍此舉，主要應歸功於兩項策略之運用：其一、進行「策反」陰謀詭計成功，召募到數十位緬甸反英志士，經過組訓之後，將其遣送回國，進行顛覆活動，發揮裡應外合作用。其二、運用「奇襲」戰術奏效，讓駐緬英軍措手不及，瞬間敗下陣來，不僅減少日軍傷亡人數，也降低戰爭物資的損失。與其進攻中國已經消耗五年時間，卻仍然未竟其功，且讓日軍吃盡苦頭，導致精銳受挫，軍隊熱力消退，官兵士氣銳減，兩者相較之下，實有天壤之別。此次進攻緬甸行動，過程竟然如此順暢，所謂「輕而易舉，手到擒來」，幾乎不費吹灰之力，即獲得空前勝利，不但及時振奮日軍低迷士氣，也藉機拿英國佬出了口怨氣，真是一舉數得。

　　日軍占據緬甸之後，為了充分運用緬甸的人力及天然資源，初期對緬人採取懷柔政策，想藉機向緬人示好。在表面上，同意讓緬甸於

一九三八年八月正式公開宣布脫離英國殖民統治，獲得獨立自主地位，達到籠絡目的，爭取民眾向心力。但實質上，卻包藏禍心，也就是想達到兩項企圖。第一、想藉機強化對緬內部之掌控措施，進而消弭反日勢力於無形。第二、聯合緬甸內部反英勢力，化阻力為助力，免除日軍後顧之憂，共同一致對外，早日達到消滅中國，實現所謂「大東亞共榮圈」的企圖與野心。

日本軍國主義占據緬甸時間短暫，前後僅有三年左右，好比曇花一現，以致部分位處偏僻、交通不便，或落後的地區，連基礎軍事管制工作都未建立完成，即告胎死腹中，故被喻為「屁股都沒坐熱，就得叫他滾蛋」。至於發生此種現象，原因不外有三，僅扼要分述如下：

其一、自日軍占領緬甸之後，中國軍隊不停地對據緬日軍採取全面性攻勢作戰行動，及時掌握主動優勢地位，先於一九四四年八月四日，攻占緬甸北部邊陲軍事要地——密支那；又於同年九月二十日，殲滅盤據在中緬兩國邊界之日軍；再於一九四五年三月七日，光復緬甸北部戰略城鎮——臘戌。英軍也於同年五月五日收復首都——仰光，這一連串的攻勢作戰行動，不僅獲得空前勝利，而且戰果輝煌，讓日軍疲於奔命，草木皆兵，猶如消防隊忙於四處救火，證明日軍氣數將盡，離敗亡之日已相距不遠，縱然沒有原子彈，也將難於立足緬甸，更不用說進攻中國。

其二、日軍占據緬甸，基本上，範圍僅及於下緬甸和上緬甸主要交通動線沿途之城鎮，及重要戰略據點，至於此範圍以外地區，均由三股勢力所盤據，一為緬甸內部反日勢力，二為英國原駐緬散兵游擊隊，三為中國赴緬遠征軍。由於這數股武裝力量，三不五時向日軍據點進行突擊作戰或騷擾行動，讓日軍吃盡苦頭，幾無寧日可言，在形式上，雖已占領緬甸，但實質上，卻不盡然。

其三、日本本土廣島及長崎兩地，於一九四五年八月六日及九日，先後遭受美國原子彈攻擊，日本天皇基於情勢所逼，在不得已的情況下，於八月十四日透過廣播向世人宣布，無條件接受波茨坦宣言，並要求日軍於八月十五日正式向各該地區聯軍投降。日軍被遣送回國，戰爭到此結束。

由於中英聯軍充分掌握攻勢行動，讓日軍進入緬甸之後坐立難安，在美國正式投下原子彈之前，占據緬甸的日軍事實上已逐漸出現衰敗跡象，終使日本戰敗，第二次世界大戰，到此宣告結束，日軍就地向聯軍投降，緬甸才又得以恢復往日舊觀。

走過金三角

▶ 枷鎖難除篇

　　俗諺所謂「人善被人欺，馬善被人騎」。英帝國殖民統治霸權主義，雖面對日軍武士刀瞬間敗下陣來，相繼落荒而逃，但英國自認對於緬甸「沒有功勞，也有苦勞」，於是在日本軍國主義宣布無條件投降之後，竟又厚顏無恥重新回到緬甸，施行殖民統治，繼續享受殖民利益，不肯就此除去緬甸的殖民枷鎖，於是引發人民強烈不滿，紛紛群起抗拒，其中具有代表性人物，如翁山等，更是當時的帶頭份子，積極參與反對運動，並提出以下兩項重大訴求：一方面，立即改組國民軍結構，預作長期抗爭作戰準備；二方面，要求英國政府早日給予緬甸自治權，如果英方不予理會，或處理不夠認真積極，而引爆全民抗暴事件，導致情勢一發不可收拾時，英國政府須負全部負責。英國眼看情勢不妙，只好勉強同意，在全緬恢復秩序之後，將給予緬甸自治地位。

　　一九四五年十一月間，緬甸有史以來第一個臨時政府正式誕生，由翁山出任副總理職務，不料卻引起同黨及其他黨派人士不滿，紛紛退出政府求去，再因國內共產勢力趁機作亂，迫使臨時政府迅速垮臺，全國再度陷入混亂狀態。所謂「屋漏偏逢連夜雨」，可見緬甸人民的災難果真不少，除自求多福外，他人愛莫能助。

　　緬甸政府組織歷經無數波折，將近一年之間陷入停頓狀態，導致戰後復原建設工作受到亟為嚴重影響，經過英緬雙方多次協商討論，依然決定迅速成立政府，及時穩定政局，於是第二次臨時政府組織又於一九四六年八月宣布成立，各黨派人士共同參與其事，新組成之聯合政府仍由翁山出任總理職務，使國家各項復原建設工作得以早日全面性展開。

一九四七年四月間，英國政府順應民意強烈要求，與緬甸總理翁山達成一項最新協議：准許緬甸成立制憲會議，對於議會未來做的任何決議，英國政府一律加以承認，並表示一旦準備工作全部就緒，緬甸即可朝獨立自主方向邁進；不料此時反對派重要人士宇素等，卻又持反對意見，除提出辭呈離開內閣之外，更在暗中進行反對翁山內閣活動，弄得緬甸幾無寧日可言。所謂「好事多磨」，果然確有其事。

一九四七年七月間，以宇素為首之重量級政治人物，趁機發動政變，刺殺內閣總理翁山及內閣部長等多達六人，不僅造成緬甸舉國轟動，更讓東西兩大陣營，一致感到震驚，情勢一發不可收拾，導致全緬再度陷入混亂局面。最後宇素被捕，遭到判處死刑，從此結束他堅持反對派角色人物的一生。

烏努繼任內閣總理之後，除致力於政局穩定，加速國家建設工作外，隨即前往倫敦，與英國政府進行談判，並要求英國當局迅速同意讓緬完全獨立自主。英國終於一九四七年七月十七日，同意以條約規定方式，讓緬甸獲得獨立自主地位。

英國方面也同時提出要求，在緬甸從事革命內戰期間造成對英方財產之損失部分，應負起賠償之責。同時英緬兩國也簽署備忘錄，未來在國防事務方面，雙方仍然維持伙伴關係，繼續加強合作，緬甸一旦遭受外來侵略，英國願盡其所能給予必要支援協助，有效期間至一九五四年，必要時得透過協商方式，予以延長之。

▶ 重見光明篇

　　《左傳》所謂「多行不義必自斃」。日本軍國主義本質上是想利用戰爭作為手段，達到侵略鄰近國家、實現併吞亞洲、稱霸世界野心之目的。所以一向好戰成性，枉顧國內外的反對聲浪，毅然揮軍四處征戰，弄得東南亞幾無寧日可言。但是終究邪不勝正，吃到敗戰苦果，最後無條件接受波茨坦宣言，正式向同盟國投降，二次大戰正式宣告結束。

　　日軍狼狽退出緬甸之後，緬甸舉國上下歡欣鼓舞，大肆慶祝勝利之來臨，本以為從此可除去殖民枷鎖，重新迎接光明的未來。不料，英國竟然不顧緬甸人民的反對聲浪，重新回到緬甸，繼續殖民統治大夢，導致緬人極度的不滿，掀起反英情緒。許多愛國志士不畏生死不計後果，前伏後繼紛紛投入反英行列，除持續公開向英國政府抗議施壓外，甚至也有人以暴力抗爭，堅決要求英國政府將獨立自主權利歸還緬甸人民，結果獲得全國一致響應與支持，英國國會在緬甸強大民意壓力下，終於在一九四七年十二月十日，正式通過緬甸獨立法案，同意擇期將政權交還緬甸自主。

　　緬甸爭取獨立自主案，英緬雙方經過多次磋商，終於有了具體結論，英國同意將殖民地統治權如期交還緬甸人民，至於確切時間定於一九四八年一月四日，緬甸乃正式宣布成為聯邦獨立共和國，政權交接儀式，由英國駐緬最後一任總督藍斯主持，親自將緬甸政權如期交還緬甸人民，結束英帝國主義在緬甸將近百年的殖民統治。

　　緬甸爭取獨立自主之後，首任總統為薩阿、希維、泰克，內閣則由烏努負責籌組，以便迅速完成相關政權移交事宜。英國三軍部隊也在撤出緬甸返國之前，將原來駐紮緬甸之三十七艘海軍艦艇全數贈送

緬甸海軍使用，用於建立自己的海上防衛武力。除代表英國殖民統治
政體到此正式結束外，象徵性給與緬甸政府及人民一點微不足道回
饋，聊表贖罪於萬一。

　　不過，令人遺憾的是，緬甸獲得獨立自主之後，人民的日子並不
怎麼好過，生活情況反而趕不上英國殖民時期水準，其原因在於自軍
事政府成立至今，國家領導人根本沒有改革開放心理準備，沒有用心
經營計畫、努力建設辦法，將國家及人民帶入富足康樂之境；反而師
法馬列思想，推行共產主義制度，走上社會主義路線，使國家經濟一
蹶不振。

　　過去在英帝國主義殖民時期，先後制訂各種完善之典章制度，不
論國民基礎教育體系、國家建設發展計畫、國際貿易拓展管道、三軍
教育訓練模式，均有足夠之參考範本；三軍部隊所需各式武器裝備，
也同意長期支持與供應，照此種種優厚條件來看，促進國家社會之進
步因素堪稱成熟而容易。但不幸緬甸軍事執政團，師法中國共產黨，
實施一黨專政制度，屬行軍事獨裁統治措施，採取以黨領軍、以軍領
政模式來治理國家，根本不顧國際社會反對聲浪，也不管國內人民
死活。

　　所以，緬甸人民爭取獨立自主聖戰，獲得全面勝利之後，至今已
經半個世紀，但緬甸人民生活，依舊過得「民不聊生」！甚至遠不如
殖民時期的好，叫人感嘆萬分！

走過金三角

▶ 好景不常篇

　　所謂「好花不常開，好景不常在」。緬甸趕走帝國主義霸權殖民統治之後，不因此而發憤圖強，讓人民擁有安居樂業的生活環境。並於一九五○年，率先承認中共政權，從此與中國共產黨走得很近，並與中國大陸保持良好的互動關係；相較之下，對我中華民國，卻是「敬而遠之」。其原因在於，我國異域反共游擊隊久居「金三角」一帶，始終不肯撤走，讓緬甸軍事政府猶如芒刺在背，幾經多次協商折衝，仍舊毫無結果，於是對我產生懷恨心理。

　　一九六一年間，因我國繼續採取拖延戰術，虛應故事，緬甸政府在逼不得已情況下，使用雙管齊下策略，一方面，請求中共派兵支援，雙方共同組成聯軍，圍剿我異域反共游擊隊；二方面，透過聯合國大會提案控訴我國軍隊侵略，枉顧國際道義，遲遲不肯撤出，請聯合國主持公道，對我進行施壓，最後逼使我政府就範，做出承諾，將異域反共游擊隊全數撤回臺灣。到此中緬兩國關係，可算走到盡頭，雙方從此漸行漸遠。

　　緬甸軍事政府目前仍舊推行社會主義制度，並與中共政權本質相同，所以雙方走得很近，對我國政府及人民並不十分友善，有時為了討好中共，故在國際外交事務上處處對我國政府極盡刁難打壓能事。如東廠商因受了政府「南進政策」號召，打算前往緬甸投資，得有心理準備，否則，將來到了對我不甚友善的國度，恐會面臨不少困難。

　　緬甸爭取獨立至今，將近半個世紀，由於現任領導者尼溫，自一九六二年三月，重掌政權至今二十餘年來，一直堅持社會主義路線，對外採取強硬態度，厲行鎖國政策，對內採取軍事獨裁統治，推

行愚民政策，導致經濟建設全面崩盤，社會建設腳步停滯不前，結果竟然走到「民生凋敝，國步維艱」的地步，實在令人難以置信。

英帝國殖民統治勢力於一九四八年撤離緬境，照理緬甸應該從此邁向富強康樂途徑，但根據各方資訊顯示，目前緬甸社會現況，反不如殖民統治時期興盛，甚至有嚴重倒退現象，時至今日，竟然成為一個的貧窮落後國家，人民生活艱苦情況，的確「罄竹難書」。

過去許多革命先烈，不畏險阻艱辛，前仆後繼，勇敢犧牲奮鬥，甚至拋頭顱、灑熱血，其目的在爭取國家獨立、人民自主，如今竟然走上這般局面，讓人不明當初爭獨立、要自由，原因究竟何在？

作者於一九六一年回國。之前，緬甸各大城市的建設發展遠比臺灣進步繁榮，但近年來根據國外媒體報導或相關文獻記載，或赴緬觀光旅客經驗體認，縱然在首都仰光，若與臺灣相比，竟有天壤之別。

根據觀光客實地旅遊經驗顯示，緬甸各大城市這數十年來似乎毫無任何新的公共建設可言，舉目所視，百廢待舉，其中主要公路的路面盡是窟窿，公路上僅有的少數車輛也屬於一九五〇至一九六〇年代的老爺車。出現在著名仰光「大金塔」前的緬甸人，看起來都窮困潦倒，衣衫襤褸，人民生活顯得十分貧窮，根本沒有購買力，導致商店也顯得非常冷清，幾乎空無一人，如用「門可羅雀」來形容，一點也不過分。由此可見，緬甸的社會情況，是何等的落後與淒涼。

緬甸目前的經濟發展情況，遠不如殖民時期興盛，其原因在於，軍事政府領導錯誤，不肯承認失敗事實，依然冥頑不靈，繼續堅持走社會主義路線，實行國有制度，限制私有資本與企業，一心想要改變過去殖民時期所留下來的自由經濟體系模式，嚴重阻礙國家經濟發展腳步，結果帶來今天貧窮落後的局面。

　　自由經濟制度，不僅適合人類需要，也是人類共同追求的願望，此制度一旦受到限制或破壞，必然影響自由經濟發展腳步，經濟發展進度一旦受到影響，國家稅收必然減少，國庫收入一旦減少，政府將沒有能力推動各項公共建設，國家一旦缺乏完善之公共建設，將嚴重影響整體經濟建設與發展，最後使人民生活陷入貧困窘境。如此獨立自主的結局，真叫緬甸人民「情何以堪」？

　　在爭取獨立自主過程中，許多緬甸人民不計個人生死，群起抗拒英帝國主義霸權壓迫，目的在擺脫殖民統治，爭取國家獨立、人民自由，如今所得到的代價，竟然是貧窮與落後的局面，讓人不知其奮鬥目的，究竟何在？帝國主義殖民統治枷鎖雖然已除，但卻沒給人民帶來幸福生活，當初究竟「為何而戰？為誰而戰？」

　　所謂「逆水行舟，不進則退」，緬甸的經濟發展腳步，二十餘年來陷於停滯狀態，使國家走上貧窮落後之路，人民生活陷於水深火熱之中，此種現象，恐怕是絕大多數人民當初始料未及吧？未來國家命運如何延續？民族劫數如何拯救？康莊大道如何開闢？國家建設如何策劃？公共建設如何推動？國民經濟如何發展？國民生活如何改善？政治制度如何改革？民族精神如何提振？民心士氣如何鼓舞？需要緬甸人民再次覺醒，勇敢地站起來，堅強地走出去，全國上下萬眾一心，和衷共濟，發憤圖強，重新收拾舊山河，整頓殘破的家園，復興民族文化，振興民族精神，強化民族教育，穩固社會基礎，加速全面建設，發展全民經濟，拓展國際貿易，才能增加國民所得，改善人民生活，創造幸福的未來。

第二章

李家遷緬前因後果

所謂「不做良將，可為良醫」。先祖的一生，在於立志「推廣中國醫學，傳授中國武術」。為了實現此一遠大的理想，達成奮鬥目標，從不計個人生死，更不畏環境險惡，不怕前途艱難，堅定志向，下定決心，勇往直前，從不退縮，不達目的，絕不終止。

先祖生來喜歡冒險犯難，不論從四川遷徙雲南，再從雲南移民緬甸，甚至後來送子遠赴扶桑習醫，過程歷盡險阻艱辛，但卻依然堅定志向，沒有絲毫退縮或動搖，終於實現理想，達成奮鬥目標。不僅為華人在緬甸的生存發展樹立良好的形象，普遍贏得緬人的肯定認同，也為自己一生創造了傳奇性的一頁，其故事與情節猶如武俠小說一般，劇情變化萬千，過程錯綜複雜，內容精彩無比。至於相關遷移異鄉原因、事業經營發展經過，以及後來的不幸與遭遇等，請看以下介紹。

一九〇三年間，先祖因研究中醫藥材，冒險進入異鄉——緬甸，不料途中遭遇盜匪受傷，在性命危急關頭，所幸及時得到外國傳教士搭救與收留，並協助其療傷及生活照顧，還資助回國盤纏，才得以脫離險境，平安返國。經此浩劫之後，先祖在異國神父的引導下，順利進入主的園地，接受主的洗禮，從此成為一個虔誠的天主教徒，這也就是我今天信仰天主教的緣故。之後他老人家，抱持好奇心理，輾轉進入西醫領域，重新開始學習西方醫學技術，以充實其救人濟世的基本能力與素養。

歷劫歸來之後，除繼續精進中國醫術，充實濟世救人基本素養外，進而積極勤練中國武術，強化自衛能力。最後基於感念異國神父搭救之恩，始有回饋異鄉念頭，因而決定舉家遷往緬甸，一心想讓中國醫術與中國武術，能在異鄉發揚光大，弘揚中華固有傳統文化。

一九一一年，國父黃花崗起義失敗，先祖決心前往緬甸另謀發展。唯因剛進緬甸之初，一方面因人生地不熟，語言發生障礙，文化

有所差別，生活習慣不同，一切難免不如預期；再方面因創業維艱，先後面臨許多挫折，遇到不少困難，備受不少打擊，飽嚐各種艱辛，但卻絲毫沒有畏懼或退縮，繼續堅持到底，勇敢面對各種挑戰，接受各種嚴酷考驗，不論環境如何惡劣，創業多麼艱難，生活多麼艱苦，仍然一本初衷，努力奮鬥不懈，勇敢向前邁進，經過一番慘淡經營，終於闖出一片天地，創造出驚人的成就，為華人在異鄉的生存發展，打下堅實基礎。

先祖遷居緬甸，除從事中醫技術推廣及中國武術傳授外，也藉機學習西方醫學科技，以彌補中國醫學技術之不足。因為先祖已深刻體認到中國醫學技術雖然博大精深，但在內科檢驗及外科手術兩個層面，西醫確有獨到之處，其中如內視鏡檢查或X光透視，乃至外科手術等，唯有透過西方醫學科技，方能事竟其功。於是積極探究西方醫學技術，瞭解進步因素及其發展過程，藉機學習西醫知識與方法，特送次子（即先父）前往扶桑深造，吸取醫學新知，計畫將中西醫學融為一體，並以中醫為本，西醫為用，發揮互補功能，強化醫療技術，提升醫療水準，增加醫療設備，服務傷病患者，嘉惠異鄉人士，發揚濟世救人的博愛精神。

先祖在緬除行醫濟世，傳授武術之餘，也經營農場，占地遼闊，農、畜物種應有盡有，創造家屬休閒與業餘工作環境，鼓勵子孫參與，藉機培養興趣，讓家屬人人有事可做，避免造成人力資源浪費。農場也對外招募人才，參與經營行列，使其發揮下列功能：其一、製造更多工作機會，解決社區居民的就業問題；其二、農牧生產品完全自給自足，達到自力更生的目標理想；其三、農牧產品對外銷售，供應社區居民生活所需，達到互助共生的目標要求。

先祖雖是學有專精之士，但社會風氣使然，在所謂「寧為雞首，不為牛後」鼓舞下，也跟隨他人腳步，先後娶了兩房夫人，因而膝下

子女多達十餘人，整個家族總人數，高達五十餘人，全都住在「李氏農場」，也算得上是一個大家族，平日人氣非常旺盛，也為莊園帶來熱鬧氣氛。不過所謂「好花不常開，好景不常在」，所有功成名就，只因日軍侵略緬甸而毀於一旦。

回歸天國之路篇

　　俗諺所謂「天有不測風雲，人有旦夕禍福」。因日本軍國主義曾經大言不慚、誇下海口「要在三個月內滅亡中國」，果然不出所料，夢想終於被物資缺乏、武器落後、訓練不足的中國軍隊給粉碎了。於是在一九四二年間，採取所謂「假借道之名，達占緬之實」，由泰國叢林揮軍進入緬甸。事實上，日本改變既有作戰計畫，主要基於下列兩項戰略因素考量：其一、決定開闢西線戰場，將利用緬甸進攻中國，進一步擴大對中國之包圍圈。其二、打算掠奪緬甸豐富資源，提供侵略戰爭需求，早日達成滅亡中國之目的。

　　日本軍國主義枉顧國際道義，擅自片面毀約，無視英國之存在，暗中自泰國穿越泰緬邊界原始叢林，以迅雷不及掩耳之勢，瞬間攻入緬甸，一舉占領首府仰光。駐緬英國部隊措手不及，立即敗下陣來，造成緬甸人民極度恐慌，出現逃亡浪潮。

　　日軍進入緬甸之後，部隊所到之處極盡搜刮能事，一旦遇有反抗行為，隨即採取高壓政策，手段無所不用其極，所有的緬甸人、英國人、印度人、華人，莫不聞風喪膽，紛紛離開緬境，前往印度或中國避難。許多人在逃亡過程中，因而流離失所，甚至有的失去寶貴生命，有的家破人亡，下場十分悲慘！

　　日本軍國主義的暴行慘無人道，舉世聞之色變，因此，在日軍抵達之前，各地早已出現逃亡浪潮。逃亡過程中，不論英國駐軍，或緬甸平民，要想幸運存活下來，途中必須經歷以下各種考驗，才能安全到達目的地。第一、必須經得起來自空中日機無情的轟炸。第二、必須幸運逃過盜匪之打劫。第三、必須勇敢面對毒蛇猛獸的侵襲。第四、必須經得起各種病毒的危害。第五、必須經得起飢餓無援的煎

熱。第六、必須經得起辛苦、勞累、炎熱、寒冷等考驗。不過,基於保命關係,那怕九死一生,也要坦然面對,勇敢接受考驗,冒險嘗試。

　　先祖基於安全考量,決定放棄在緬的家產,計畫逃回祖國大陸避難,免受日軍慘無人道之虐待。不過,萬萬沒料到此趟回國之路,不僅是如此的艱辛,而且十分的遙遠。最後竟然帶來嚴重的損失,造成家破人亡的結果。尤其自己身為濟世良醫,不但無法搶救家屬,連自己也「泥菩薩過江,自身難保」,最後連落葉歸根的心願,也都難以實現。

　　先祖旅居緬甸數十餘年的奮鬥成果,終因這次劫數而全都化為烏有,整個家庭事業毀於一旦,連自己的性命也在一夕之間消失得無影無蹤。可見人生的變化是無常的,人生的遭遇是無法預料的;人生的道路是崎嶇坎坷的。如果我們平日沒有預做最壞的打算與準備,一旦面臨巨變,終將被時代無情的巨輪所淘汰。

　　以上的敘述,只能略顯李氏家族所經歷的辛酸與苦難,若用「一言難盡」來形容,其實一點也不誇張。

因大陸淪陷重返緬甸篇

　　俗諺所謂「人無千日好，花無百日紅」。我國歷經八年艱苦抗戰，終於一九四五年因日本軍國主義戰敗而贏得勝利。我李氏家族，人數雖已折損過半，能夠幸運存活下來者，已無再返緬甸的念頭，決定留在祖國定居。不料，大陸再度發生內訌，情勢一發不可收拾，使得家鄉父老幾乎沒有安定日子好過，以生活在動盪與不安之中，弄得人心惶惶，隨時都有逃難的準備，避免受到戰火波及。

　　別的不用說了，僅就作者全家老小，在祖國的第二故鄉（雲南省耿馬設治局甘潭鄉，現已改為耿馬傣族佤族自治縣甘潭鄉）而言，一回兒國軍進駐，一回兒軍閥盤據，一回兒被紅軍占領，形成你爭我奪的局面，百姓沒有平靜生活可過，共產黨利用此一大好機會，趁勢占據大陸江山，國民政府被迫遷移臺灣。作者家族，在不得已情況下，只好踏上重返緬甸之路。不過，所不同的是：過去先祖前往緬甸，屬於「移民」行為，而這次我輩前往緬甸，卻變成「難民」，難免讓人徒生許多無奈與感嘆！

　　一九四九年年底，共軍先頭部隊，已占據作者家族的第二故鄉，少數投機份子藉機相繼投靠，表達效忠赤誠，為了個人利益，主動引導共軍四處抓人，所謂「地主，富農，國民政府黨、政、軍要員」，一律無法倖免。作者繼父因參與抗共戰爭行列，三天兩頭遭受共軍前來搜查，弄得全家上下「睡不安寧，食不下嚥」，最後基於情勢所逼，只好趁夜深人靜之際摸黑走上逃亡之路，離開中國大陸。

　　抗戰勝利，日本投降，舉國歡騰，不料人世間的事，常十之八九無法盡如人意。因為勝利之後，各派勢力擁兵自重，就地稱王，不肯歸順中央管轄，只圖個人名利，紛紛擴大招兵買馬，積極搶占地盤，

幾乎到了無政府狀態，百姓無法平靜的過日子。其原因除中央政府
「鞭長莫及」外，又全國復原建設工作，已讓中央政府忙得不可開
交，哪有時間來管地方閒事，所以各派勢力趁機坐大，你爭我奪，弄
得民不聊生，最後喪失民心與支持。

　　共產黨利用這一大好機會，除相繼展開各種離間活動，進行策反
工作外，並積極進行拉攏、利誘、裹脅，運用手段將其各個擊破，徹
底消滅反共阻力，有效運用一切助力，終於打敗兵多將廣的國軍部
隊，最後赤化整個大陸，國民黨因而失去政權，丟掉大陸江山。

　　作者此次跟隨家人逃離大陸，年僅八歲，家母又身懷六甲，以致
逃亡過程顯得格外辛苦。逃亡沿途關卡重重，備嘗險阻艱辛，除須翻
山越嶺之外，還要渡過無數大小江河，尤其過程大多採取「晝伏夜
行」方式前進，以躲避共軍追捕，所幸沿途得到繼父洪門兄弟的支
援、協助、掩護、引導、救濟及照顧，才得以脫離險境、衝出重圍，
安全逃離大陸，抵達緬甸北部邊陲小鎮——盧房。

　　我們五人六口之家，歷經千辛萬苦，終於在一九五〇年夏天，得
以逃離中國大陸，平安抵達緬甸撣邦轄區，落腳在撣邦北部邊陲小鎮
——名叫盧房的這個小地方。堪稱又一次死裡逃生，重獲新生，只因
為了享受自由空氣。

　　最後我的家人，就在盧房這個曾因產金而紅極一時的小地方，
定居下來，我也在這裡「成為臺灣間諜同路人」，而只好選擇走上
不歸路。

人到金場身無分文篇

　　杜甫有詩「朱門酒肉臭，路有凍死骨」。作者家族雖已化險為夷，順利逃離中國大陸，平安抵達緬甸撣邦，並在名叫盧房這個邊陲小鎮停留下來。可是「一波未平，一波又起」，全家在人生地不熟的小鎮街頭，陷入身無分文的窘況，只有等待奇蹟出現，否則一時之間，生活將無以為繼。

　　盧房位在高山峻谷盆地中央臺地之上，小鎮四周群山環繞，屬於草原生態地帶，視野良好，景觀極佳，肉眼看去一望無際，宛如中國蒙古一帶大草原似的。在國防上具有戰略價值，為兵家必爭之地，易守難攻，抗日戰爭期間，國軍在此部署重兵，終於阻止日軍於此，無法進軍雲南省境內；緬軍有一個連的兵力，駐紮在此防守。

　　盧房鎮地形非常特殊，南北兩側共有三條小溪，分別由東北向西南順流而下，成為天然之護城河。小鎮面積成狹長形狀，狀似一座小島，東西長度約1,000公尺，南北寬度約200公尺，總人口數約有千餘人之眾，居民全都為來自中國大陸之華人，不過，其中除漢民族外，尚有若干少數民族參差其間。

　　盧房鎮曾因產金而紅極一時，鎮的四周山區一帶，廢棄的採金礦坑仍然隨處可見，路邊不時可以看到被丟棄的礦石，既尖銳又堅硬，走路必須小心，否則很容易被割傷或撞傷，證明當年的熱鬧景象，華人社會因此而稱它為「金場街」。

　　盧房這個邊陲小鎮，不僅是作者家人逃抵緬甸的中繼站，也是作者回到自由祖國——臺灣的發源地，它讓我在此得到許多的生活經驗，也帶給我很大的人生鼓舞，更留給我無限的童年回憶。

　　盧房鎮位在撣邦東北邊境，距離李氏家族在緬故居——撣邦轄區

滾弄縣，尚有五至六天路程，且沿途全都屬於崇山峻嶺，交通非常不便，商旅來往及貨物運輸完全依賴騾馬駝運。因此，也稱得上是撣邦境內馬幫組織的大本營。

緬甸政府基於安全考量，採取阻絕措施，凡是中國共產黨取得大陸政權之後流亡緬甸的反共難民，僅能暫時落腳在盧房一帶，不讓任何人繼續南下，或前往其他地區，防止來自中國之大批難民潮給緬甸帶來麻煩與衝擊，造成混亂，甚至引發族群衝突事件，使我們在緬甸境內雖然有家，也歸不得。

所謂「雪中送炭真君子，錦上添花是小人」。我們全家五口，雖已安全在此落腳，但家母心中難免五味雜陳，喜憂參半。喜的是，家人經歷千辛萬苦，總算逃離大陸，安然回到緬甸，重獲自由生活，避免再受共黨的清算與鬥爭。憂的是，家人逃抵盧房之後，盤纏已盡，眼前身無分文，在人生地不熟情況下，一家五口還餓著肚子，心中難免產生焦慮與不安，唯一期望奇蹟出現，能有好心人士及時伸出援手，幫助家人渡過難關。

所謂「貧居鬧市無人問，富在深山有遠親」。正當我們全家老小陷入徬徨無助之際，突有一位街坊婦女，前來告訴家母一則好消息：「據說你大哥一家人，早已遷來此地落戶，目前生活環境不錯，若能及時找到，或許可以幫忙你們，解決眼前問題，助你們度過難關」。證明「老天果無絕人之路」，還真有那麼一點道理。

家母立即帶我前去尋找大舅，希望盡快解決眼前困難。所謂「久旱逢乾雨，他鄉遇故知」，而這回家母卻是「他鄉遇親人」，令她老人家感動不已！家母見到大舅之後，在此患難時刻，能在他鄉與兄長相見，一時喜極而泣，激動得熱淚眼眶，急忙說道：「懇求大哥基於手足之情，能夠及時伸出援手，幫忙小妹及家人渡過難關」。不過，大舅卻回答道：「借錢的事，我可做不了主，去找你嫂子商量」。

　　家母基於時間緊迫，僅以三言兩語即匆匆辭別舅父，跟隨帶路者前往大舅媽的布店求救，姑嫂見面之後，家母除禮貌性向大舅媽請安之外，再度說明來意：「懇求大嫂幫忙，讓家人渡過難關」，唯大舅媽卻回答道：「多年不見，想不到見面沒別的，而是專程前來借錢，還真讓我有點難為，因為店剛開門，還沒開張呢，一時沒有現金，手頭還不方便，你先回去，等開張有了錢，我再派人給你送過去」。

　　我們母子抱著失望而又期待心情，辭別大舅媽，回到歇腳處等候消息。全家五口就在這種期待與等待中，餓著肚子等候消息。所謂等待時間是最漫長的，時間一分一秒過去，已經下午時分，家人還餓著肚子，直到下午二時許，好消息終於來臨！大舅媽的確實踐諾言，派人送錢過來。獲得此項奧援之後，全家老小一時喜出望外，既感動，又興奮，尤其家母更是激動得「淚流滿面」，場面十分感人！大舅媽送錢來的時間雖然有點延誤，但終究顯露出親情之可貴，最後幫助我們全家得以渡過難關。

　　拿到援助款項之後，家母為每人買了一碗粿條，孩子們待遇比較優厚，每人多加一個麻花糖，可真的讓我們吃得津津有味，勝過山珍海味。當然等待時間有些漫長，而且飢餓難熬，幾乎難以消受，不過這頓飯卻是我這一生中最美好的一餐，一輩子都難以忘懷。

　　家母當時身懷六甲，行動多少有些不便，但在有本錢之後，毫不猶豫做出決定，租下一間十坪大小的茅草屋，作為安頓家屬兼作店面，同時購買所需生財工具及原料，立即拿出看家本領，施展謀生技能，在家人抵達盧房之次日，我家的小店就已開始營業，其營業項目有包子、饅頭、麵條等三類民生食品。

　　在全家老小通力打拼下，家中經濟情況迅速趨於好轉，生活獲得改善，從此家道蒸蒸日上，經過數年努力經營，已經成為鎮上的中產

階級，其過程與情節，猶如天方夜譚。當然，家母的辛苦不在話下，付出也最多，貢獻也最大。另外也要感謝大舅及舅媽及時給予我們的援助，幫助我們全家得以度過難關，的確難能可貴，其貢獻之大，功不可沒！

為生活常跑賭場煙館篇

俗諺所謂「寧為太平犬，莫作亂世人」。作者家族逃回緬甸之後，原先以為只作短暫性停留，過些日子就可反攻回去，不料「事與願違」，後來礙於情勢所逼，不得不做出長住久安的打算。既然決定留下來，大夥得有長遠發展的計畫。因為，將來不論情勢如何變化，環境如何發展，生活如何艱鉅，日子總得要過下去，尤其孩子總得有書可讀，將來才有前途可言。

經過許多家長磋商之後，一致決定籌設臨時華語學校。但是這項決定說起來簡單，做起來不易。因為設立華語學校仍有許多問題待解決，並非那麼簡單，首先需要獲得當地政府允許才能算數，其次師資問題更是困難重重。當然在此種情況下，只有就地取才，遴選曾經擁有高中以上學歷，或具有教學經驗之人士，充任臨時華語教師職務。再來教材問題，則全部授權專任教師自行編撰，提供學生使用。最後校舍及設備問題，則由家長共同協力搭建，待一切準備工作就緒之後，學齡兒童就能有書可念。身在異國的華人家長，唯有讓其子弟多讀點書，才有機會認識新時代，吸收新知識，華人的未來才有前途可言！華人的發展也才有希望！由於設立華語學校計畫能夠順利推動，終讓我等有書可讀，機會堪稱難能可貴。

家人回到緬甸之初，原本一無所有，生活顯得十分辛苦，我等學齡兒童還有書可讀，算是已夠幸運，可是在唸書過程中，卻是非常的艱辛！原因是在唸書之餘，每個人還得負擔部分家務，或幫助家長做些買賣之類小生意，好賺點辛苦錢，補貼家用，以減輕家長的工作負擔。

我等學齡兒童所作的家事項目繁多、內容複雜，不勝枚舉。不過，就作者而言，每天的工作項目，不外負責管理騾馬、上學讀書、

販賣包子，還算是很單純。每天清晨起床之後，首先要將騾馬趕出去牧放，隨即清掃馬廄，然後才能到校上學。傍晚須將騾馬找回來，關入馬廄。趕騾馬返家途中，得為騾馬準備夜間所需草料。晚間則必須負責前往賭場、麻將館或煙館，販賣包子，直到全部產品賣完，才能回家休息。每天工作時間很長，忙到所謂「馬不停蹄」的地步，整天忙碌不完，幾乎從沒有過童年生活的享受。

日間上學讀書，其實辛苦程度更是不在話下，原因是當時依照緬甸政府規定，華人學校之創辦，學童一旦入學，必須接受緬文義務教育，每日受教時間不得少於兩小時，占全日上學時間的四分之一。每一學童每日在校時間為八小時，其上課時間分配如下，前面六小時，用於教授中文，最後兩小時，用於學習緬文。所以當時的緬甸，就已採取所謂「雙語教學」制度，因此，學童的課業可是不輕鬆喔！

下午放學回家，日子也並不怎麼好過，必須盡快回家。放下書包之後，就得奔向原野，將晨間牧放出門的騾馬，全數找回來。另在返家途中，需為騾馬準備夜間所需足夠草料，否則，將有所謂：「馬無夜草不肥」情況發生。

到了夜晚，日子照樣難過，除要犧牲休息與玩耍時間外，還得放棄複習功課的時間，幫忙大人賺錢，改善家庭經濟狀況。因此，當時家中的每一份子，個個都得犧牲小我，成全大我，為了改善家庭經濟，人人全力以赴，貢獻一己之力。所以，每一晚上，我負責帶家母親手製造、剛出爐熱騰騰的「包子」──計有「豆沙包子」、「甜包子」、「肉包子」，前往位在街角的麻將館、賭場或煙館等公共場所販賣，直到全部賣完，才能回家休息，其辛苦程度由此可想而知。

不過，回憶那段忙碌的歲月，日子雖然過得辛苦一點，但也是吸收許多新知識、學習西方文化的大好機會，顯得樂趣無窮。因在販賣包子過程中，三不五時認識到「三教九流」人物，也結交了各行各業

的老朋友，他們經常惠顧我的包子生意。每逢遇到人多的時候，包子生意自然也就特別好，一旦賣完包子，就可提早回家休息。當然碰到生意較差時，也得浪費時間等待機會。不過，每當遇到類似情況，我比較偏好留在麻將館裡混，因為留在麻將館裡，對我將有下列幾點好處。或許讀者感到有些奇怪，甚至覺得好笑，有沒有搞錯？留在麻將館裡，沒有學壞就不錯了，哪裡來的好處可言？沒錯，我不否認有學壞的可能性存在，不過，敢請讀者看完以下分析報告：第一、繼續等機會，待有食客上門，遲早將剩餘包子全部賣完，好向家母交差了事。第二、伯伯、叔叔贏錢時，他們一旦高興，除會跟我買包子外，還可享受到「見者有份」的分紅好處。第三、藉機觀摩大人們如何打麻將，學習打牌技巧，等待有朝一日，自己也可牛刀小試，大顯身手一番。第四、遇有牌桌上伯伯、叔叔們拉屎拉尿，我可上桌代理堆牌、拿牌，好藉機過過乾癮。第五、有時也會代勞幫伯伯、叔叔們忙，跑腿買東買西的，可以賺點服務小費，存點私房錢。久而久之，麻將館裡人也混熟了，賣包子生意自然也有人肯來惠顧，麻將自然也學會了。

也因這個緣故，到了中學時期，我已經能夠坐上牌桌，跟大人們較量麻將技巧，跟大人們比較之下，我雖然年紀很小，但麻將段數卻非常之高，一副有模有樣，架勢十足，一點也不含糊，經常唬得少數人一愣一愣的。

緬甸的「賭博」行為是正式公開的，凡是經過政府備案，並依法進行抽稅手段，即屬合法性質，可以公開為之。至於抽稅方法，主要是政府只需透過主持賭場的所謂「莊家」，以抽頭手段來完成，例如「賭者」在賭場贏了錢，「莊家」就可當場進行抽頭作為，而抽頭額度，以百分之十為準，即「賭者」贏了十塊錢，「莊家」可以進行抽頭一塊錢，贏一百塊錢，可以抽頭十塊錢，贏一千塊錢，可以抽頭

一百塊錢,接下去以此類推。至於抽頭所得,政府與賭場莊家分配比率如下,其中百分之六十,留供賭場莊家作為雜項開銷使用,另百分之四十,上繳當地政府機關財政部門,列為年度稅捐收入。所謂「一個願打,一個願挨」,彼此皆大歡喜,沒什麼好抱怨,也無形中達到「三贏局面」,一舉數得,何樂不為矣!

公開性賭博行為,對於政府、賭場、賭者三方面,將有下列好處:在政府方面,不費吹灰之力,可以徵到稅金,增加國庫收入,促進地方建設,達到開源目的;另外不需浪費政府人力,即可透過民間力量完成管理工作,達到徵稅目的。在賭場方面,唯有有利可圖,才會有人願意投資。在賭者方面,讓其有正當場所可賭,滿足人性好賭心理,讓其一圓發財夢想與願望,不必偷偷摸摸進入地下賭場,讓黑社會份子有機可乘,任其宰割。

像我國目前的狀況,依照政府法令或規定,凡是賭博行為,不管什麼樣的賭法,全都屬於違法,一律不准,事實上,在社會的每一角落哪裡沒有賭博行為?警察機關還得浪費許多人力,進行抓賭工作,不僅徒勞無功,防不勝防,抓不勝抓,反而造成地下賭場之氾濫,到處偷偷摸摸,躲躲藏藏,仍舊賭聲四起,怪罪政府未能善盡管理責任、造成社會風氣敗壞,給國家、社會、人群卻帶來不良影響。

針對這一亂象,作者籲請政府有關部門採取疏導辦法,謀求解決問題之道,放棄以往圍堵政策,以免製造更多社會問題,給警察機關帶來管理困擾。因此,建請派員前往國外實地觀摩考察一番,或委由學術機構進行研究,提出可行方案,然後進一步修訂有關法規,使我國的賭博行為,能夠達到合法化、公開化、透明化地步,藉機為政府開闢財源,增加國庫收入,達到「取之於社會,用之於社會」的目的,俾利國家建設與發展。當然不妨參考國外制度,試辦看看,如果仍然無法導正社會風氣,改善賭博亂象,再檢討改進或停止開放也不遲。

成為臺灣間諜同路人篇

俗諺所謂「命裡有時終須有，命裡無時莫強求」。作者為了生活，在念國小之年即肩負賺錢補貼家用之重責大任，但唯一能做的工作，就是賣包子。也就因為這一緣故，需要經常來往或駐足賭場、煙館、麻將館等所謂「特殊營業場所」，因此有機會認識到「三教九流」各種行業人士，也因此而結識了一位臺灣間諜，結果使我成為同路人，不僅給自己惹來麻煩，也改變我一生的命運，更對我人生的發展產生極大的影響；但也因此給我的家人造成莫大的衝擊，更為我們平靜的小鎮帶來很大的震撼。

當然究其原因，我因負責賣包子關係，需要經常來往或駐足賭場、煙館、麻將館之間，久而久之，熟人也就漸漸多了，生意當然也有人肯給機會，相互照顧。不過，所謂「相識滿天下，知心有幾人」，竟在一次偶然機會中，認識到一位來自臺灣的朋友，這位來自外地的異鄉客，我們彼此之間年齡雖然相距甚遠，但卻一見如故，從此成為莫逆之交。後來因工作關係，他必須遊走四方，停留地點不一而定，我們因此而一度失去聯絡。

作者所住的小鎮廬房，並無中等學校之設立，所以要想升學，必須遠赴滾弄縣城才行，母親決定讓我前往縣城依親，投靠當年失散的堂叔，除藉此機會達成認祖歸宗之外，進而達成升學目的。記得當時離家之初，心中難免有些恐慌與不安，總以為到了縣城，人生地不熟，不知如何獨立生活是好。不料在縣城又與似曾相識的臺灣「○○七」再度相遇，真有所謂「久旱逢甘雨，他鄉遇故知」之感。我們二人能在異地重逢，令我感到無比的興奮！心中之陰霾，終於一掃而空。從此我們二人時常聚在一起，最後終於結成伙伴關係，他輔導我

上學讀書，我支援他執行任務，經過數年的伙伴關係，竟使我成為臺灣間諜「同路人」。

　　自從認識這位來自臺灣的「○○七」之後，我們經常聚在一起，不是談天說地，就是閒話家常。有時也跟隨他四處經商，做生意，搞買賣，先後長達三年之久，在無法兼顧下，我也經常發生翹課，或裝病請假情事。最後終於東窗事發，才知道他是來自臺灣的間諜，我也因此被緬甸警方歸類成為「臺灣間諜同路人」。只能怪自己當時年幼無知，根本不知天高地厚，更不懂得如何保護自己。

　　我在讀書之餘，經常跟他一起工作，不時利用寒假或暑假機會，從事情蒐工作外，有時也以緬甸僑商人身分，多次進入大陸，從事商業性買賣活動，一切樂在其中。只因為自己當時年輕氣盛，沒有危機意識，心理根本無所畏懼，反倒如今事過境遷已數十年之久，回憶起來，多少還真有點恐怖的感覺。

　　所謂「害人之心不可有，防人之心不可無」。我們經過一段合作無間的平靜歲月，先後完成多次艱鉅任務，不料一旦時間久了，我們的心防難免有所疏失，因而出現漏洞，加上警覺性日趨鬆懈，未注意自己的行為舉止，繼續做好身分掩飾工作，導致行蹤曝露，結果被緬甸警方盯上，將我視為「臺灣間諜同路人」，最後天地之大，竟無我容身之處，只好跟隨同路人閃人，一起走上不歸路。

　　所謂「久在河邊走，沒有不失足」。千萬沒有料到此趟不歸路一走半個世紀過去，從此不僅沒有機會回到異鄉──緬甸撣邦轄區盧房小鎮，而且再也沒有機會見到自己的親娘。真有所謂「再回頭，已是百年身」。讓我有所謂「樹欲停而風不止，子欲養而親不在」之感。這種轉折過程，就是我一生經歷與遭遇的具體寫照。

走上不歸路篇

　　俗諺所謂「涼亭雖然美好，但非久住之鄉」。此次我在無意之中成為「臺灣間諜同路人」，已經別無選擇，只好走上不歸路，事實上，這趟不歸路實該稱之為「逃難」比較恰當。而「逃難」這種戲碼，對我而言再熟悉不過，打從出生開始，就如影隨形，拋不掉，棄不了，直到回國之後，才得以擺脫它的糾纏。以下僅就個人此次走上不歸路的艱苦過程，扼要介紹如後，期與讀者分享。

　　所謂「千哉一失，機會難逢」。此次走上不歸路，基本上，是我自己惹來的麻煩，不能怪罪於任何人。當然，也因這次機會，而改變了我一生的命運；否則，怎可能有機會回到自由祖國臺灣的懷抱，如果沒有這次回國機會，我將無法享有今天這般幸福美好的生活。或許這是上帝所做的安排！

　　緊接又所謂「有心栽花花不發，無心插柳柳成蔭」，自己雖在無意之中，成為「臺灣間諜同路人」，所以在不得以情況下，只好再次逃難。不過，由此事件，也顯示我中華民國情報部門可不是亂蓋的，縱然遠在數千里外，位於緬甸撣邦轄區的偏遠小鎮，也有能力布署「間諜網」，建立無數的「樁腳」，的確很不簡單，真叫人可敬可佩！所以，充分證明中華民國「無所不在，無所不能，無所不有」的具體事實！

　　在走上不歸路之初，我心中的確喜憂參半，喜的是，我祖上有德，竟能成為「臺灣間諜同路人」！我有這麼偉大嗎？讓我感到無比的光榮！憂的是，接下來究竟該怎麼辦？未來的路該如何走？假如不幸被逮，我的家人會不會因此而受到連累？如果因而丟掉性命，如何對得起可憐的老母？難道此生就這樣完了嗎？一連串問題，使我久久

無法平靜下來，不過，最後還是選擇所謂「三十六計，走為上策」，決定追隨同路人，走上逃亡之路。

逃亡的正確時間是在一九五七年八月十五日13時13分，出發前往另一個小鎮，找到其他二位伙伴，四人一起展開逃亡生涯。不料離開家人至今，轉眼已經半個世紀，未曾再見江東父老，尤其不幸，家母也於一九七六年在緬甸東枝蒙主寵召回歸天國，投入主的懷抱，我連見她老人家最後一面機會也都沒了，這一殘酷事實，讓我深切體會出前述「樹欲停而風不止，子欲養而親不在」的涵義與道理，此一不幸事件，是我一生之中唯一的遺憾。

因我已被緬甸治安當局，列為「通緝要犯」，凡駐在沿途的邊防部隊、警察、地方自衛隊等單位，都有權依法將我等逮捕歸案，一旦稍有差錯，即可能因此而被活逮，甚至丟掉性命。所以，全部過程幾乎戰戰兢兢，顯得驚險萬分，備感格外艱辛。

走上不歸路之後，我們處處謹慎小心，隨時提高警覺，不容絲毫馬虎，否則可能喪失生機，性命不保。因此，在逃亡過程中，每當遇有檢查哨、關卡，或者管制較嚴地區，我等一律採取「不進村莊，不走道路」的應變計畫，繞道而行，目的只求「寧走十步遠，不走一步險」。

不過，「繞道而行」的應變計畫，說起來簡單，做起來不容易。因緬甸國土地理多屬「叢山峻嶺」，由甲地至乙地大都僅有一條道路，來往者一旦離開原有道路，就須要有以下數點心理準備，否則，其後果將不堪設想：一、原始森林，到處荊棘，必須要有「逢山開路，遇水搭橋」本領，否則就走不了，也過不去。二、一旦進入原始森林，如果沒有攜帶地圖或指南針等裝備，一定會迷路，最後只能走進去而出不來，必死無疑。三、在原始森林中，毒蛇猛獸甚多，一不小心，可能就會遭受攻擊而喪命。四、如果糧食帶得太少，且不懂得

野外求生技能，很可能會餓死在山中。五、雖然屬於原始森林，但因季節分明，若非雨季，一般山區仍會缺水，如果事先沒有準備充足飲水，恐怕會因脫水而死。六、森林中毒蚊、水蛭、瘴氣甚為普遍，一不小心就可能因感染瘧疾，或失血，或感染病毒而死亡。

我們雖然「提著腦袋」跑路，但面對當前危機以及未知的將來，在沒十全把握與充分準備下，不敢輕舉妄動，冒險嘗試，否則甭想再有回頭或活命機會，準會「客死異鄉」，永遠無人知曉。作者雖生在那裡，長在那裡，擁有適應當地惡劣環境的條件及能力，但依然戒慎恐懼，處處小心，以求自保。不過，這次基於情勢所逼，又逢生死關頭之際，所以，我們決定採取兩套應變計畫，一套是「繞道而行」，一套是「晝伏夜行」，以備不時之需，提供作為沿途發生緊急狀況時之應變參考。

此次走上不歸路，我們的目的地，是選擇位於中、緬、泰、寮等四國邊界的「異域反共游擊隊」根據地。唯因兩地相距甚遠，起點在緬甸北部，終點卻遠在緬甸東南部，全程將近七百餘公里，沿途大多屬於叢山峻嶺，崎嶇難行，縱然每日平均走十三小時，每小時走四公里，就算一切順利，並能按照預定計畫而行，也要十天半月，才能抵達目的地。

這段遙遠的路程，沿途由幾個不同族群分別盤據或管轄，起點屬於拉家族自治區，中途必須穿越克欽族、撣族、傈僳族、傈黑族、苗族等五族自治區，終點屬於撣族自治區，沿途的危險性及困難度，自然不在話下。所謂：「好的開始，是成功的一半」，起初我等四人終於順利離開卡拉族自治區，渡過薩爾溫江（此江在中國境內稱為「怒江」，又名潞江，發源於青海及西藏交界處的唐古拉山口附近，流經雲南省，進入緬甸，再注入印度洋。在我國境內總長約2,013公里，奔流在怒山與高黎貢山間，海拔1,600公尺，兩岸谷嶺相對高差可達

3,000公尺左右，山谷幽深，危崖聳立，水流在谷底咆哮怒吼，故而得名，不利於航行），安全抵達克欽族自治區。

進入克欽族自治區，我等人數已增到五位，同時還有一支美製四點五口徑手槍，不論聲勢與實力，均較日前略為雄厚，但因人生地不熟，還是小心翼翼，不敢稍有鬆懈。原因在於客欽族群，性格比較強悍，若不幸遇到當地的自衛隊，恐怕將會惹上不必要的麻煩。

在撣邦境內，不論任何族群遇到克欽族群，大家總是忍讓三分，非不得已，絕不跟他們發生衝突。若有人膽敢挑戰他們獨特的生活模式，冒犯他們生活規範，或輕視他們的人格，當然不可加以原諒。凡有偷雞摸狗行為，更是不能容忍，一旦被他們逮到，後果就是死路一條，除公開遊街示眾外，最後當眾格殺，以儆效尤。

克欽族群男性在緬甸陸軍中戰力最強，一向被視為主力部隊，據傳能跟來自尼泊爾的「戈爾卡」族相媲美。部隊人數不少，實力不容忽視。克欽族群男性，不論成年人或青少年，不管軍人或平民，身邊總會佩帶長劍一把，並以右肩左斜方式配掛，否則就不能稱為男人。克欽族群社會，絕大多數以「劍」作為執行死刑唯一工具，通常一刀砍下，人頭落地，酷似我國古裝戲裡的「劊子手」。

克欽族群的男性生性好鬥，人人「驍勇善戰」，一旦三杯黃湯下肚，個個「視死如歸」，他們平日負責邊防任務，戰時則擔任打頭陣的先鋒部隊。在緬甸國內，不論其他軍種士兵或其他族群民眾，非不得已，很少有人願去招惹他們，以免惹禍上身。

中國人將「酒」形容成「穿腸毒藥」。可是喜愛喝酒的華人男性常以所謂「冷酒傷肝，熱酒傷肺，不喝傷心」等形容詞，作為美化藉口，表達他們對酒的愛恨情仇。不過，既然愛喝美酒，就請說明白，講清楚吧，何必故弄懸虛一番呢？將它形容得那麼地悲壯與淒涼，好不叫人流下同情之淚，最後不給酒喝，恐怕也很難囉！

克欽族群的生活習慣很特殊，幾乎每一家戶都有釀製小米酒的習慣，不論男女老幼都會喝酒，也喜歡喝酒，人人都很好客，如果遇上他們，准會邀你一起喝，如果你拒絕而不給面子，那麼「代誌大條」，麻煩也就來了。不過他們經常無法自我節制，以致有酒必喝，有喝必醉，有醉必然惹事生非，不是醉臥街頭巷尾，就是醉話連篇，四處遊蕩，導致各個族群對他們幾乎沒什麼好印象，抱持「敬而遠之」的態度。

走過金三角

▶ 久走夜路遇到鬼篇

俗諺所謂「夜路走多了，必然碰到鬼」，果然一點不假。不過，好在我們所碰到的，不是來自陰曹地府的死鬼，而是一群活生生的醉鬼。

我們一行五人，基於安全考量，在路過克欽族自治區間，特別提高警覺，各項行動措施，格外加倍小心，不敢馬虎或鬆懈，行程也多以「晝伏夜行」的方式前進，有時也採取繞道而行，目的只求早日離開這個區域，以免節外生枝。

由於我們的應變計畫發揮預期效果，在日夜兼程趕路下，只剩最後數公里即可進入撣族自治區，因此利用夜間加速趕路，不料卻如俗話說「是福不是禍，是禍躲不過」。當我們走到一處險要隘口，還是遇到突發狀況。所謂「說時遲，那時快」，一時之間，突然槍聲大作，吼聲四起，手電筒自四面八方探照過來，將天空照射得格外地璀璨而美麗！打破寂靜無聲的黑夜，此一突如其來的意外，瞬間使我們感到猶如晴天霹靂，尚來不及做出任何反應，就已經沒有退路。在毫無選擇情況下，大夥只好束手就擒，成為醉鬼的俘虜，勉強配合對方要求，乖乖舉起雙手投降，避免造成嚴重後果，進而弄巧成拙，以致壞了大事。

所謂「秀才遇到兵，有理講不清」。對方一陣七嘴八舌，醉話連篇，議論紛紛，喋喋不休，不知何者是對？更不知聽誰的好？最後引起帶隊者生氣，再度對空鳴槍制止，才讓吵聲停歇下來，這時他自我介紹：「我們是克欽族自治區自衛隊員，因參加隊友喜宴歸來，原本在此休息，不料突然遇到你們摸黑經過此地，懷疑你們是逃犯，或有不軌行為，所以鳴槍示警，只要你們配合指示，保證不會有事」。

　　帶隊者繼續問道：「你們為何利用夜間趕路？有何不良企圖？準備前往何處？你們必須跟隨我們回隊問話，希望你們能夠合作，不可輕舉妄動，否則格殺勿論」。

　　經過我方利用撣族語言向帶隊者進行溝通說明：「我們來自撣族自治區之華人，從事各種買賣，都是善良百姓，唯因出來做生意時間很久，而且華人的所謂『中秋節』即將來臨，大夥盼望早日返家過節，好與親人團聚，所以，利用夜間趕路，絕對不是什麼逃犯，也不是什麼壞人，願意配合你們，回隊說清楚，講明白。」

　　經過此番對話之後，終於獲得對方信賴，降低對我敵意，同時待我等也算禮遇，既沒檢查行李，也沒進行搜身，否則，要是搜出我們所帶唯一的手槍，那麻煩可就大了，算是不幸中之大幸。

　　不過，對方領隊的又說道：「不管你們有無犯罪事實，總之，必須跟隨我們，回隊弄清楚再說，否則，可不要怪我們不客氣喔。」所謂「人在屋簷下，不得不低頭」。我等一時之間也無計可施，只好配合辦理，二話不說跟隨對方往回走，打算途中再見機行事，以免惹怒那群醉鬼，給自己添加無謂麻煩。

　　我等走了約半小時路程，來到一處驛站，對方領隊宣布暫停休息，並向我方領隊提出要求：「趕快買酒來請我的隊友喝，喝好了再走」。我方領隊聽了這段話，心裡暗自歡喜，在高興之餘，滿口答應對方要求，立即向站方叫了兩罈類似我國所生產的「二鍋頭」烈酒，外加一盤蠶豆、一盤花生，並請對方坐下來喝酒。雙方十餘人圍在一塊，紛紛喝了起來。

　　對方九人原本在喜宴就已經喝了滿肚子酒，此時再喝，每人更加爛醉如泥，全都不省人事，我方領隊一看機會難得，使了一個眼神，帶著大夥「溜之大吉」，總算脫離那群醉鬼的糾纏。之後連續趕了一夜路程，終於平安地到達撣族自治區，才敢停下來休息。

如今回憶起這段劫數，仍然心有餘悸，真有所謂「劫後餘生」之感。

這次劫數之後，我等原本已有犧牲的心理準備，只是感到犧牲太沒意義，也很不值得，因人生才開始，我們還有許多機會報效國家，如果這樣被抓，甚至丟掉性命的話，也未免太冤枉。所以，必須找機會，設法脫離那群醉鬼，如果真的逃不了，至少也要拉幾個替死鬼，才算夠本，但不料卻出人意外，歷經生死關頭邊緣，還能順利脫困，圓滿結束一場驚險，其過程可說「既緊張，又刺激」。

在七百餘公里的逃亡過程中，我等一路上走走又停停，總計使用了一個多月的時間，終於才到了目的地，順利進入「金三角」地區，也就是屬於異域反共游擊隊控制區域範圍，完成一趟不可能的逃亡任務。另因途中巧遇異域反共游擊隊，新兵招募單位「怒江縱隊」幹部邀約我們加入游擊陣營，實現從軍願望，達成報國理想。

不幸感染瘧疾篇

　　俗諺所謂「天有不測風雲，人有旦夕禍福」。走上了這趟不歸路，其中所受到的最大傷害，莫過於我感染了「瘧疾」，從此我與「瘧疾」病，結下不解之緣，身體狀況不錯時倒還無所謂，可是，一旦身體狀況較差時，就只有等掛病號，日子的確很不好過。

　　感染「瘧疾」之後，我即加入異域反共游擊隊，基於任務需要，經常四處征戰，根本沒有機會得到適當的休養與治療，讓瘧疾病源跟隨我長達三年之久，直至回到自由祖國臺灣之後，才由軍醫署派遣專業醫療群負責治療工作。醫療人員對我這一案例，每日按時進行檢查、追蹤、管制、通報，經過半年的療程，終於「藥到病除」，讓我脫離苦海，真是感恩啊！

　　在這連續接受治療的一年過程中，我還享有一項特權，不論人到那兒，都有專人按時送來所需治療藥品，不分公私醫療院所，均有義務免費助我診治，任何單位或人皆不得藉故拖延或待慢。直到痊癒之後，再由軍醫署相關治療部門發給證明書，大功才算告成。

　　所謂「瘧疾」，事實上，是一種寒熱性疾病。而這種疾病，目前臺澎金馬地區已經絕跡多年，大家幾乎將它給遺忘了，所以，並不十分瞭解它，當然也不怎麼注意它。但它可是很恐怖的喔！千萬不可掉以輕心。

　　由於近年來出國旅行人數遞增，許多人經不起價廉物美的誘惑，喜歡就近前往東南亞地區遊玩，以致偶有少數人不幸感染「瘧疾」病例，並將它帶回國內，使臺澎金馬地區再度發現新的「瘧疾」病例。不過，好在我國目前醫學水準發達，醫療體系完備，醫療技術精進，多能使病情及時獲得控制，最後必然「藥到病除」。只要大家隨時提

高警覺，嚴加注意防範，即使不幸感染，立即就醫診治，保證不會有事，所以，也不必過度恐慌或害怕，只是一旦不幸感染，終究不是一件好事，還是小心一點為妙。

國內醫療部門或單位對於「瘧疾」案例的列管追蹤工作，要求極為嚴格，一點也不敢馬虎，尤其各層級通報系統，務必確實，不能有漏網之魚存在，否則，將是件很危險的事，造成嚴重的後遺症，給國家社會帶來空前的危機。

不論任何人，一旦感染「瘧疾」病，如果沒有及時獲得適當的治療，除了患者本身將有喪命的危險，另外也會透過病媒蚊，傳染給第三者或更多的人，進而造成整個社會乃至國家的危害。所以，醫療部門或衛生單位，甚至醫護人員，隨時都需要提高警覺，千萬不能忽視或掉以輕心，尤其更該牢記所謂「預防勝於治療」的基本原則。

所謂「瘧疾」病，究竟區分為幾種？以我個人實際經驗，就發病時間而言，區分為每日發病型、隔日發病型、三日發病型等三種類型。至於我個人所感染的，屬於三日發病型，是比較輕微的類型，算是不幸中的大幸。

「瘧疾」病的發作，究竟有哪些症狀？「瘧疾」症的發病時間，原則上，由每天上午八至十點之間開始，其發病的症狀過程先冷而後熱，也就是在發病初期，患者全身寒冷透骨，身上縱然加蓋三、五條被子，也無法讓患者感到暖和，照樣冷得發抖，而發抖時，患者上下牙齒會因撞擊而發出聲響，直至發高燒之後，才會停止下來。到了下午之後，其症狀轉為發高燒期，有時患者體溫將高達四十餘度，使患者逐漸進入昏迷狀態，甚至產生幻覺現象。到了傍晚之後，患者經過一陣大量的流汗，症狀才會趨於緩和下來。不過，這時患者將會顯得疲憊不堪，也可能開始稍有食慾，但也只能吃些清淡的食物，對於油膩食物，依然毫無胃口，所以，無法及時補充營養，導致患者無法迅

速恢復體力，如此周而復始，患者身體跟著日漸衰弱，最後終因惡性循環結果，而帶來死亡命運，堪稱有夠恐怖！

　　以現在醫學發達以及醫療水準進步情況而言，「瘧疾」病的治療，方法必然很多。不過，以我個人經驗，當時唯一的治療方法，僅靠一種黃色小藥丸，藥名稱為「奎寧」，至於英文名稱為「Kwei Ning」，它是一種黃色的小藥丸，味道酷似「黃蓮」，吞下之後，藥物與病菌相互對抗結果，會使患者吐盡胃裡的食物與水分，過程非常難受，每當回憶起來，還真不是滋味。也因為經過這一連串的嘔吐過程，會讓患者頓時失去味覺，縱然給他山珍海味，也無法引起他的食慾，在缺乏食慾而又無法及時補充營養情況下，最後將因缺乏抵抗力繼續與病魔對抗，一旦時間久了，當然就會使患者喪失寶貴性命。

　　作者過去不幸感染「瘧疾」病症，係因所處環境特殊，而又無法及時得到適當休養與治療，尤其面對缺乏醫藥及醫療設施，甚至缺乏醫療護理人員情況下，還能抱病跟隨部隊行動，經常東征西討，轉戰大江南北，最後還能存活下來，幸運地回到自由祖國——臺灣的懷抱，而且直到現在還活得好端端的，真是「吉人自有天相」，或許是命不該絕吧！

　　所謂「苦盡甘來」，其滋味的確是非常之甜美！這也是我回國多年以來，在生活中最大的體驗與見證。當然或許因我曾經患過「瘧疾」病緣故，回國將近半個世紀來，除有三次速戰速決式的外科手術之外，從未患過任何小毛病之類，就以「感冒」兩字，對我而言，也是一項陌生名詞，有時連自己也感到有些不可思議。或許因為曾經患過「瘧疾」病例，使我具有某種免疫力，足以抗拒外來病菌之侵害。所以，才能永保健康，享受快樂人生。想必這就所謂「因禍得福」吧！

走過金三角

第三章

金三角寫真

走過金三角

緬甸國的領土向有上緬甸與下緬甸之分。撣邦位於上緬甸，屬緬甸七邦之一，也是最大的一邦，位在緬甸東北部，東北面與中國接壤、東邊與寮國為鄰、南邊與泰國相連，居三國接壤地帶，不論土地面積或人口數，均是緬甸七邦之中最大的一邦，通稱為「撣邦」。邦面積約62,500平方公里，邦人口約800餘萬人，約占緬甸總人口將近五分之一，也是華人最多之一邦。

撣邦面積較大，人口眾多，所管轄之行政區域，共計有東枝、萊林、臘戍、木姐、皎脈、滾弄、老街、景棟、孟薩、孟別、大其力等十一個縣（市），五十四個鎮區，邦內地方自治事務，均由人口數最多的撣族負責主導其事。而「金三角」則隸屬於撣邦行政區域之一部分，約涵蓋三至四縣之行政區域管轄範圍。

「金三角」位居撣邦之東南部，東北面與中國雲南省接壤，東部與寮國為鄰，東南部與泰國相連，屬於撣邦管轄區域，範圍涵蓋景東、大其力等縣及其所轄（鎮區），總面積約有臺灣本島一般大。

本書「金三角」的寫真，內容僅以文字敘述，而無法提供真實的寫真照。另因限於篇幅及相關資訊蒐集、彙整等問題，本章介紹範圍僅以「金三角」地區風土人文及自然環境為主，難免有遺珠之憾，欠周之處，敬請讀者見諒！

以下僅就「金三角」的寫真實況，分別提出介紹，具體呈現如後，期與讀者分享經驗，讓讀者對「金三角」的真實面貌，有更深一層的認識與瞭解。

所謂的「金三角」舉世聞名，屬於緬甸國土，總面積約有臺灣一般大，還是一塊「地廣人稀」的好所在，也難怪我異域反共游擊隊久駐該地區，遲遲不肯撤走。事實上，是我中華民國情報部門經過多年辛苦耕耘，所建立在中南半島唯一的反共據點，因此不願輕易放棄。

　　「金三角」這個地區原本名不見經傳，只是被國際社會及傳播媒體過分加以擴大渲染，所賜的一個響亮封號，其實根本名實不符，以作者身歷其境觀察心得，若以金、銀、銅、鐵四大礦產之順序區分，連稱它為「鐵三角」恐怕還有問題，那能稱得上「金三角」？實際上，它根本是一個「雞不拉屎，鳥不生蛋」的地方，世人對它的評價似乎「言過其詞」，太過誇張。

　　當然「金三角」這個地區，也並非一無是處，它足以讓人稱道者莫過於它地廣人稀，物產豐富，其中以自然環境生態而言，至今依然保持原始狀態，算是一塊標準的「處女地」，除偶而遭遇戰火波及之外，尚未受到人為因素之破壞或污染。環境之優美，空氣之清鮮，民風之純樸，猶如世外桃源一般，尤其更難能可貴的是，該地區居民生性善良，人人熱情好客，大家與世無爭，生活悠遊自在，的確是一處適合人類居住的好所在。

　　「金三角」地區的族群民眾，在緬甸八大主要民族之中，僅有撣族及克欽族等兩個族群，落腳在此區域之內，負責主導有關地方自治事務。餘如緬族、欽族、克倫族、孟族、克倫尼族、若開族等五個族群，除駐軍（按照傳統，緬甸軍隊士兵組成份子，僅有緬族、克欽族，及來自尼伯爾的外籍傭兵等三個族群）外，甚少有其他族群來此區域活動或定居（華人則例外）。至於在此區域少數民族，尚有阿卡族、拉家族、苗族、倮黑族、傈僳族、華人及其他若干弱小族群，就族群種類區別而言，算得上很單純，大家還能和睦相處，從未發生過種族糾紛事件。

　　而且各族群或部落社會之間，相互包容性強，不僅願意接納其他族群融入，也從未發生衝突事件，實在難能可貴。但若以居住社區來劃分，原則上，仍以族群為單元而居，少有雜居情況，包括華人族群社區也不例外，保持「楚河漢界，涇渭分明」，彼此互不侵犯，大家

相敬如賓，目的在避免因生活文化差異而引起不必要衝突，藉以減少紛爭，維持和諧氣氛，促進社會穩定。

「金三角」地區族群之間的互動關係，因新來的華人多以單身男性居多，屬於熱愛冒險之徒，也以單身貴族自居，不論外貌、長相，主動性等方面，均比在地男性略勝一籌。此類華人男性進入「金三角」地區之後，必然很快愛上當地主流族群的撣族美女，一旦對當地美女展開追求攻勢，當然使盡渾身解數，魅力難擋，展現出熱情奔放模樣，讓美女們毫無法招架之力，迅速吸引當地撣族女孩投懷送抱，進而與在地撣族女性結成連理。所以，中緬兩族之間通婚案件，日益普遍與叫好。

單身華人男性前來「金三角」地區，其原因不外有三，其一、由中國大陸逃來此地，目的多因嚮往自由自在的生活方式。其二、傳言「金三角」地區謀生容易，打算來此求發展。其三、嚮往異域反共游擊隊，決定前來加入，實現從軍夢想。所以，大都屬於離鄉背井，隻身前來，一旦流落異鄉，容易變得人單勢孤，為了追求美滿生活，享受幸福人生，成家立業的構想油然而生。

華人社會之人口結構一直處於男多女少現象，在華人女性難求情況下，單身貴族的華人男性根本沒有選擇或挑剔餘地，只好抱持「沒肉魚嘛好」的心情；加上多數華人男性離鄉背井，容易患思鄉病，在急於追求心靈寄託，找尋生活依靠情況下，很容易就融入當地族群社會，與在地美女大玩談情說愛遊戲，一旦機會緣分來臨，將可得到異族美女真心相待，熱情接納，進而以身相許。所以，華人男性與異族女性通婚案例可說「屢見不鮮」。

由於這股通婚潮流簡直勢如破竹，一發不可收拾，許多保守人士也難加以阻擋，以致中緬聯姻戲碼一再持續上演，其比率居高不下，且逐年不斷增加中，相對之下，也直接影響到在地男性追求本族美女

大好機會，及娶妻生子美好姻緣，因而反對異族通婚聲浪也就「此起彼落」，而且「時有所聞」。

華人女性卻不然，她們有的是跟隨父母移民而來，有的卻是在當地出生的第二代華人新貴族。有純種華人，也有混血種華人，但都很愛國，也愛用國貨，寧死不肯下嫁緬甸任何族群，她們始終保持堅定不移的民族立場——非我族類，絕對不嫁，縱然終身找不到適合對象也無所謂，其愛我族類的精神，實在令人敬佩。

至於華人男性則剛好相反，有不少人見獵心喜，更愛見異思遷，有時候甚至飢不擇食，不肯輕易放過任何把馬子機會，足跡所到之處，除喜歡拈花惹草之外，也很容易拜倒在當地美女的沙龍裙下，最後淪為她們的俘虜。

走過金三角

▶ 地區概況簡介篇

俗諺所謂「不上高山，不顯平地」。「金三角」地區一帶，就行政體制而言，雖然隸屬於撣邦管轄區域，但在實質上，卻處在聯邦政府，鞭長莫及管不到，邦自治體，也不想管，縣（鎮、區）自治體，沒能力管的情況下，居民過著自由自在的生活方式，尤其許多住在山區族群或部落，幾乎完全處於獨立自主狀態。

「金三角」地區的地方自治工作事項，並非由聯邦政府、邦自治體或縣自治體負責主導，僅靠各地所謂「土司」、「王爺」、「酋長」、「村長」、「保長」、「寨主」、「夥頭」、「耆老」等地方士紳，自告奮勇，挺身而出，領導族群，負責政事。時至今日，各族群或部落內部，大家依舊過著「和氣致祥，寧靜致遠，與世無爭，自由自在」的生活模式，居民相安無事，社會一片祥和。

「金三角」地區各族群或部落之間，彼此依然維持「敦親睦鄰，守望相助，團結一致，同心協力」的社會型態，從無任何紛爭、衝突、鬥毆、傷害、為非作歹等犯罪情事發生，社會秩序十分良好，治安情況相當不錯，是一個很適合人們生活的好地方，值得前往探究比較一番，說不定有朝一日，您也會喜歡上那裡。

就自然與環境特質方面而言，「金三角」至今還稱得上是一塊乾淨純樸的處女地，絕無任何人為污染。但就鄉土人文特色部分來說，各族群或部落之間仍舊處在「日出而作，日落而息」的社會型態，生活方式非常原始而純樸，家族或個人思想觀念十分保守。以下僅就「金三角」地區社會特殊型態、居民生活情況，扼要介紹如後，其內容究竟有那些精彩之處，請跟我來，讓咱們一起看個究竟吧！

　　在人口方面，「金三角」地區最大特色，就是區域面積遼闊，人口稀少，唯其中就族群之構成面而言，又以少數民族居多，所謂「正統的、主流的、執政的、獨大的緬族社群」，除駐防之現役軍人外，很少有一般平民百姓，來此地區居住，究竟是何原因，不得而知。不過，基本上，住在「金三角」地區的居民，多屬少數族群或部落，多以同一族群形成一個部落，他（她）們一生一世在此定居，生活方式，始終維持自己的傳統，不肯輕易變更，其中大多數族群或部落，依然停留在原始社會階段，所以，思想較為落伍，觀念較為保守，文化較為單純，生活較為樸實，居民容易滿足現狀，大家與世無爭。

　　在族群類別方面，計有撣族（在中國稱為傣族，當地華人社會稱為擺夷族，為撣邦轄內甚至「金三角」地區，最大的一個族群，總人口數約在五百餘萬人，也是撣邦轄內乃至「金三角」地區，地方自治工作之主導者）、苗族、克欽族（在中國稱為景頗族，當地華人稱之為老㐀或山頭）、阿卡族（在中國稱為哈尼族）、拉家族（在中國稱為佤族）、倮黑族、傈僳等七種，也有許多來自中國境內之華人遷移來此定居，尤其自中國大陸淪陷之後，華人移民人數始終居高不下，且逐年不斷增加之中。

　　所謂「華人」，實際上，不如稱之為「中華民族」比較恰當，因為來自中國大陸的新移民華人，除漢民族外，還有境內其他幾個少數民族。其中較為特別者為在此地區七個緬甸少數民族，也就是當地的原住民，在中國大陸雲南省境內到處可見，可讓一般華人族群或新來移民華人，猶如置身在雲南省境內情況一般，很有親切感，不生流落異鄉之感嘆。

　　在交通方面，由於「金三角」的地理位置多屬崇山峻嶺，不論陸上、水上或空中交通運輸，均讓人感到非常不便。其中陸上交通運輸，僅有唯的一條公路動線，可供軍用吉普車與大卡車、民用吉普車

與大貨運車通行。至於水上交通運輸,僅有獨木舟與雙拼式獨木舟可供人員搭乘與貨物運輸。而空中運輸航線,僅有唯一一座軍用機場,位於景棟縣城內,屬於傳統小型機場,僅供軍用螺旋槳式戰鬥機與運輸機起降,並未對外開放。

另外一座特殊用途機場,則位於緬甸與寮國兩國交界處,湄公河畔之猛八寮機場,完全由我異域反共游擊隊的游擊健兒,以雙手萬能的精神,採用一鋤一錘之原始工法,所建造而成的臨時機場,但不對外開放。

「金三角」地區陸上唯一僅有的一條交通運輸動線,由撣邦首府東枝經過「金三角」地區景棟與大其力兩縣,可連接泰國北方邊陲小鎮——湄賽。但美中不足的是,此條獨一無二的公路動線,必須穿越無數高山峻谷,開闢工程艱鉅,其中仍有部分路段因路面過於狹窄,無法雙向通行,遇有逆向車隊,必須實施定點會車,否則容易受阻。因此,有時候需要花時間等候會車,用路人須有心理準備。

這條公路別的不說,光就通車數十年來,路況時至今日仍屬「配級路面」,路況非常不佳,每逢雨季來臨,所有來往車輛,不論軍用車,或民用車,車輪均需加裝防滑鐵鍊,才能上路,否則行駛途中車輛容易打滑,行車十分危險,許多經驗豐富老手,視此公路線為畏途,不僅許多駕駛很不願跑,縱然非走不可,也多感吃不消。

「金三角」地區這條唯一僅有的公路,用路者多以軍用車輛與長途貨運卡車為主。私有車輛使用頻率極為稀少,縱然非用不可,也以四輪傳動式「吉普車」為主,載運人員與運送貨物數量,也相對有限,至於一般平民百姓,既沒機會搭乘,也沒能力搭乘,更沒必要搭乘。縱使偶有需要,也以搭乘免費便車者居多。

人類現已進入二十一世紀,但在「金三角」地區,至今仍有少數族群或部落一輩子沒看過或搭乘過汽車、火車、輪船或飛機等新式交

通工具。若將他（她）們形容成所謂：「鄉巴佬」，其實一點也不為過。因為住在「金三角」地區的各族群或部落，所賴以為生之交通運輸工具，其中位於平原或盆地上之族群部分，係使用騾（馬）、牛車，或獨木舟作為運輸工具，至於住在山區族群或部落，則僅靠騾（馬）駝運作為運輸工具；此外，就只能依靠個人的肩膀及雙腿，來完成艱鉅的運輸工作。

　　整體而言，由於交通建設嚴重落後，國民義務教育機構普遍不足，不僅直接影響當地族群或部落居民接受教育、學習知識的機會，以致無法提升人口素質，而農業生產方式之改進、農業技術之改良、農業經濟之發展無法改善，也間接影響到商業經營活動，無法促進社會全面進步，導致族群或部落的生活模式，依舊停留在原始階段，嚴重阻礙居民生活與文化的進步與發展，甚至使整個地區族群或部落之間的文化交流活動及貨物交易活動，也受到嚴重的打擊。

　　在教育方面，根據緬甸官方統計數據，全國人民識字人數比率，高達90%；但事實上，以「金三角」地區各族群或部落而言，其教育問題可大了，主要原因在於聯邦政府鞭長莫及，加上政府財政困難，根本無法讓學齡兒童，享受正常國民義務教育，導致許多居民成為文盲。各族群或部落的基礎教育工作，須由地區族群社會，以自力更生方式完成，才能讓下一代獲得受教機會。當然這種教育方式，也算是該地區學童，特有的一種體制外受教機會。

　　在「金三角」地區，最了不起的族群，莫過於新移民來的華人社會，不論情勢如何惡劣，環境多麼艱難，總是不遺餘力，想盡辦法籌募經費、物色師資、設立學校，要讓華人子弟有接受華語文基礎教育的機會，充實其基本學識素養，將來才有能力跟其他族群或部落進行競爭。所以，不論學齡兒童受教機會或兒童就學比率，遠比其他族群或部落超前，甚至強上許多倍，常令當地族群或部落社會，十分敬佩與羨慕。

走過金三角

　　「金三角」地區最大族群之一的撣族社會，除住在公路沿線重要城鎮者外，其它地區學齡兒童，雖不一定有機會接受正常之國民義務教育，但基本上所有學齡兒童均可在進入寺廟，於擔任僧侶期間（全程歷時三年）獲得另類讀書識字的受教機會，也算得上是該地區基礎教育工作之一環。因此，不論在「金三角」地區，甚至整個撣邦轄區之內，所有撣族男孩，都可獲得寺廟所賜給的讀書與識字機會，進而能夠認識自己祖先所留傳下來的經文，瞭解自己的歷史及文化演進背景。

　　住在山區的族群或部落的學齡兒童，命運更苦，待遇更差，不僅失去國家應給予的義務教育機會，加上族群本身原屬沒有文字族類，當然更無受教機會。所以時至今日，他（她）們依然處在蠻荒世界裡，與原始人類相比毫無差別之處。在族群或部落人口中，能更讀書識字者，幾乎等於零，以我們現在的文明社會來看，這種極度落後情況，讓人實在無法想像。

　　在經濟方面，「金三角」地區由於受到交通建設落後影響，以及交通工具嚴重不足，使貨物運輸極感不便，導致工業產品無法落地生根，就連基礎性的商業活動也顯得不夠普遍。各族群或部落之間，農業產品種類及數量僅能提供本地內需，無法對外輸出，又因交通運輸問題無法及時得到解決，加上普遍缺乏促銷管道，導致農業產品種類與數量，也相對受到很大的限制。

　　根據媒體報導，「金三角」地區近年來基於改善生活水準，農民已開始轉型，推出新的作物種類——「罌粟」，以便供應生產大量「鴉片」煙毒，然後輸出到全球各國家或地區，間接成為毒害世界人類的大本營。因為我們大家都明瞭，鴉片煙毒害人不淺，容易成為人們犯罪溫床，不僅讓人聞知色變！也不免讓人感到遺憾與驚訝！

　　事實上，根據作者所知應該並非如此，原因是「罌粟」這種農作物的種植地點，必須具備以下幾個自然條件，才能順利成長，生

產出所謂「鴉片」。第一、地區環境氣候，須屬乾燥形態，氣溫必須維持四季如春一般。第二、由於種植地點為在高山縱谷之間，陽光照射時間，最好每天僅有半天，過之與不及者，均屬不宜。第三、植物所需水分，除幼苗期間外，到了成長期，僅能依靠降霜或露水存活，多一點或少一點，均屬不當。第四、自開花至收成期間，不能有雨，否則，作物勢將全部泡湯。第五、氣候必須乾燥，如果過於潮濕，必然影響罌粟生長，縱然可以生長，恐也難以獲得預期收成。

「金三角」地區的自然環境生態屬於典型的熱帶型氣候，絕大部分地區很不適宜種植「罌粟」這種農作物。所以，一切傳聞確有「誇大其詞」之過，甚至有刻意抹黑之嫌，其目的想藉機「顛倒是非」，達到欺騙外行人的目的。以作者個人親身經歷而言，至少過去在我異域反共游擊隊駐紮地區，從未聽過或看過當地農民有過或種過「罌粟」案例，尤其我軍為了避免招惹緬甸政府，讓國際社會看笑話，給自己本身帶來無謂困擾，除不允許當地農民有種植「罌粟」作物之不當行為外，也不准有公開從事販售鴉片煙毒之違法交易活動存在。至於我反共游擊隊撤出異域之後，該地區是否有種植「罌粟」行為，甚至有公開販售鴉片煙毒產品之違法交易活動卻不得而知。當然時至今日已經半個世紀，作者不敢保證目前沒有。

「金三角」地區的各族群或部落，有關貨物與民生物資的交易或買賣活動，習慣上利用每週一次的「趕集」機會進行，在其餘非趕集時間，想要購買所需民生物品，可得到產地才有，否則就甭想了。

人們的生活習慣，依舊停滯在落後而原始社會階段，與蠻荒社會相比，似乎毫無差別可言。舉凡食、衣、住、行等四大民生需求，必須全靠自力更生方式取得，所以，人民的生活水準，僅能維持家人基本溫飽，有少數族群或部落的人民生活過得相當窮困。

走過金三角

　　在政治社會方面，「金三角」地區居民除公路沿線之外，其餘各山區部落社會既無政府軍隊駐守，也未設置政府機構，舉凡管教養衛工作，全都由當地的所謂土司、王爺、酋長、頭目、保長、夥頭、街長、大地主或大富人家，代理或代為執行，他們不僅代表政府，也代表法律，如果有人膽敢挑戰公權力，或破壞社會治安，或擾亂社會秩序，或傷害社會善良風俗，一旦被逮到，唯有死路一條，縱然上帝肯出面幫忙，恐怕也救不了人。所以，想要到那裡去闖天下、求發展的人，可得有心理準備，否則，到頭來不僅恐怕難以適應，而且也會感到失望與後悔。

　　在宗教信仰方面，「金三角」地區雖各族群或部落之間，各有自己的中心信仰，但基本上，仍以信仰小乘佛教者居多，占總人口數比率最高，其中以擺族社會更甚一籌，每一個家庭的男孩，就好像我國的兵役制度，一律需要前往部落所屬寺廟擔任三年學習和尚，三年期滿之後才能各自返俗回家，方可成家立業，娶妻生子。

　　「金三角」地區的擺族社會全都信奉小乘佛教，人人愛好和平，與世無爭，能夠與我異域反共游擊隊，和平相處，軍民互動關係良好，成為我軍有力之後盾。

　　寺廟裡的和尚區分為職業與學習兩大類，前者為永久性之出家人，擔任寺廟住持、管理、教授佛經、教導禮佛、傳播教義，人數有限；後者僅為學習佛經與禮佛而出家做和尚，人數較多，原則上依部落屆齡兒童人數多寡而定。學習和尚的日常生活餐飲，由部落社區家戶共同提供，至於日常生活所穿的袈裟、拖鞋、所用的寢具、用具，則由家長負責提供，看起來這種民俗習慣，也倒是很特別。

　　「金三角」這一名詞絕對沒有媒體所報導那樣的響亮，當然也沒大家想像中那般的醜陋，它雖然不夠格稱為人間天堂，但至少也不能將它列為人間地獄，只不過被國際社會過度渲染、炒作所致，不僅把

它給神化，也將它給醜化，更使它污名化，甚至將所有產毒、銷毒、販毒等罪名，全都歸屬於它，給它貼上了毒窟的標籤，可謂「欲加之罪，何患無詞」。

「金三角」這一名詞表面上的確是很響亮，能讓全球人類無人不知、無人不曉，但實際上也因此受盛名之累，帶來沉重之負擔。其實它至今依然貧窮落後，始終無法成長進步，即時擺脫沉重包袱，讓國際社會有機可趁，雖共同寄望於它，卻又不斷地利用它，欺侮它，蹂躪它，但它卻既無發聲能力，也無抗議管道，更無辯駁機會，只好任人玩弄、擺布、宰割。

未來僅能衷心期望，住在「金三角」地區的異國朋友們，大家能夠奮發圖強，儘快站立起來，即時拋棄貧窮落後的包袱，讓國際社會「刮目相看」，早日剷除產毒與犯毒的標籤，洗刷產毒、販毒的罪名，還自己一個清白。

所謂「金三角」地區，位於緬甸東北部，北面與中國接壤，東邊跟寮國以湄公河為界，東南方與泰國為鄰，總面積相較之下，約有臺灣一般大，區域內住有各種少數民族，如撣族（在中國稱為傣族）、克欽族（在中國稱為景頗族）、阿卡族（在中國稱為哈尼族）苗族、傈僳族、倮黑族、崩龍族、拉家族、卡拉族（在中國稱為佤族）、漢族等十種民族，若以人口數所占比率而言，則以撣族為最大，文化水準較高，生活較為富裕。

除漢族之外，其餘九族，就民族組合要素而言，與我國關係密切，淵源深厚。因九個少數民族中，在我國雲南省境內基本上全都有，一個也沒少，尤其在語言及生活習慣上，與我國境內並無任何差異。至於這些族群，究竟是何原因遷移來此？又於那一朝代，來此定居？根據傳說，有說是元朝，有說是清朝，眾說紛紜，莫衷一是，至今尚無正確結論，猶待歷史學家進一步考證。

走過金三角

　　「金三角」地區之撣族係為中國「傣族支系」，彼此之間，語言大同小異，在中國境內，傣族被漢族稱為「擺夷」，又稱之為「漢擺夷」。在緬甸的撣邦，尤其「金三角」地區內之撣族，華人社會通稱為「擺夷」，又稱之為「水擺夷」。還記得嗎？國內之作曲家，在六〇年代，還為此特地寫了一首國語電影主題曲，曲名《水擺夷之戀》。其中一段歌詞形容如「彎彎的藤蔓喲，爬呀爬在大樹上啊，……擺夷的姑娘喲，願呀願嫁漢家郎」，曾經紅極一時，當時社會各界，不論男女老少，誰都能夠哼上幾句呢！

　　華人社會之所以稱撣族為「水擺夷」，主要因為撣族社區絕大多數逐水而居，以水為鄰，特別喜歡有水的地方，因此而得名。至於其餘各個族群，則比較喜愛山區，大多散居在高山或丘嶺地帶，以族為村。絕不跟其他族群，混雜而居。唯獨華人族群，因屬外來關係，為了生存問題，可能隨興而居，隨遇而安，並無任何禁忌。不過，基本上，各族群之間，仍可維持相敬如賓，和平相處，情感融洽氣氛。

　　「金三角」地區的農產物資交易，因受交通建設落後所影響，有關貨物運輸工作，完全依賴人力搬運，或牛車拖拉，或騾馬駝運，人們大多利用市集，從事進行交易活動，有時也以物易物的方式達成交易行為。各族群之間相關民生問題，基本上，除食鹽、女性化妝用品、香（肥）皂、醫療用品、武器彈藥等，因本地無法自己生產，必須依賴外地輸入外，其餘幾乎均能自給自足。

　　「金三角」地區各族群之間，交流管道，暢通無阻。不過，彼此交流方式除特殊情況外，基本上，全依靠每週一次之「趕集」活動，大家從事有關農產品以及商品的買賣或交易，平時相互來往機會與頻率卻相對較少。

　　緬甸、泰國、越南三國，號稱世界三大米倉，「金三角」地區居民也不例外，農產品係以稻作為主要作物，且多集中在撣族聚集之平

原或盆地一帶，其它作物有蔬果、雜作，農漁業及畜牧業等，除提供當地居民自給自足外，也有餘額對外輸出。不過，因為當地交通建設普遍落後，貨物運輸作業受到很大影響，使輸出數量大打折扣，又因輸出管道不夠暢通，產量也因供過於求，導致每人年平均收入所得偏低。住在山區各個族群，卻又因為產量有限，有時連供應內需也感到不足，一般而言，僅可解決基本的溫飽問題而已，生活顯得更為艱困。

古人所謂「靠天吃飯餓死，靠人打戰要失敗」，目的在勉勵人們要腳踏實地，實事求是，不可有懶惰、依賴、僥倖或投機等行為。住在「金三角」地區內，各族群除撣族靠水吃飯，生活無虞之外，其餘各個族群，尤其住在山區之少數族群部落，一般而言，日子都不好過。究其原因，在於住在丘嶺地帶，或高山地區族群或部落，大多普遍缺乏水源，人們都得靠天吃飯，依賴雨水過活，否則，一到旱季，必須走遠路取水，所以，連基本的飲水問題，都無法得到滿足，生活過得可是相當辛苦。

撣族部落居住地點，原則上都有充裕水源，所以，農作物產量豐富，其中稻作部分，以生產「白糯米」為主，其它作物有蔬果、雜作，而漁業、畜牧業產量也很豐富，生活較為富裕。其餘住在山區各族群或部落，則完全靠山吃山，靠天吃飯，農作物以種植旱作植物為主，農產品以玉米、小米、蕎麥、高粱、馬鈴薯、白米、紅飯米、紅糯米、蔬果、山藥，甚至「罌粟」等，為其大宗。

「金三角」地區的相關經濟作物，除一般農作物之外，其中具有高經濟價值者非「罌粟」莫屬，原因在於「罌粟」產品除可提供吸毒者吸食或毒販透過買賣交易從中謀取暴利之外，「罌粟」產品，也能製造「嗎啡」，能夠提供醫療用途，發揮救人治病功能，廣受人類社會矚目，稱它為「驚人作物」，一點也不為過。

走過金三角

　　我異域反共游擊隊的兵源雖以漢民族為主幹，但部分官兵能說撣族語，軍民之間溝通不成問題，相處交往比較容易，沒有任何隔閡，因此時傳通婚佳音。少數官兵離開大陸時，身邊總會帶點黃金或銀圓，部隊久駐同一地點，難免遇到喜歡的撣族姑娘，經過一段時間交往，一旦雙方情投意合，女方家長也沒反對，即可以身相許，最後經過軍方查證，女方確實出於自願者，在不影響部隊作戰任務前提下，長官多會准其通婚，因此，在金三角地區前後編織了許多美麗的故事，促成數以百對異國姻緣，年長一點的讀者，或許還有印象，當年國內電影公司，曾經演過一部名為《水擺夷之戀》的電影，劇情就以此作為背景，所編寫而成的。

　　我異域反共游擊隊駐紮地區範圍，原則上選擇撣族居住區域，因在此區域內，農作物、畜牧業或漁產均較為充沛，人民生活相對富足，我軍給養取得容易，補給不成問題，另在此區域內，居民大多擁有牛車，可供軍隊後勤補給運輸使用，支援軍事作戰任務。

　　我異域反共游擊隊在此區域內成立，並能長期駐紮異鄉，均因部分士兵來自少數族裔，不論語言，或生活習慣，均與當地居民相近，彼此毫無距離感，軍民之間建立良好的互動關係，相處十分融洽，所以能夠相安無事，長期駐紮，基本上，全靠當地民眾的全力支援與協助，使我軍在無後顧之憂情況下，更可專心致力部隊教育訓練，藉機培養士氣，提高戰鬥能力，故有能力應付外患，當地民眾之貢獻功不可沒，僅此表示由衷之肯定和感謝。

　　緊接下來，作者僅針對緬甸及「金三角」地區各族群或部落社會有關人民的生活方式與習慣，簡單介紹如後，讓讀者對緬人民生活情況，有所認識與瞭解。至於介紹項目及內容，區分為食、衣、住、行、育、樂等六大需要，敬請慢慢欣賞。

 飲食習慣篇

　　俗話所謂「民以食為天，吃飯皇帝大」。充分說明民生問題，對於任何一個國家，或任何一個民族，或任何一個家庭乃至個人，都是非常重要的大事。不過，緬甸、泰國、越南三國，均被列為世界之三大米倉，糧食非常的充足，基本上，此三國人民不但以米食為主，且保證人人有飯可吃，所以吃飯這種事對他們來說，當然不成問題，其中不同之處，在於配菜的好與壞而已。

　　生活在緬甸，尤以「金三角」地區一帶，若就撣族社會而言，係以米食為主的族群。不過，其中最大差異在於，這個區域所生產的稻米，係以「白色糯米」為主，人們每天兩餐所吃的飯全都是糯米飯，與其他各族群或部落所吃的米飯類，相較之下，有很大的區別。

　　住在山區之少數族群或部落所吃的五穀類，差異則更大，其中稻米部分，不明是否受到土壤、環境、氣候等影響，所生產的稻米，全都屬於「紅色」系列，有紅色「糙米」及紅色「糯米」兩類。至於玉米部分，也有白色、黃色、紅色三種顏色之分。其他雜糧部分，計有小米、蕎麥、高粱、馬鈴薯、山薯（有白色及紅色兩種顏色）。另有蔬菜及水果等，種類繁多，與其他國家或地區農產品大同小異。

　　由於撣族社會每天所吃的兩餐全都是白色「糯米飯」，初到那裡的人一開始還覺得有些新鮮，一旦時間久了，每天都是「糯米飯」，遲早叫人受不了。原因是「糯米飯」如用蒸籠蒸法，縱然久吃還無所謂，可以勉強適應；若用水煮方式，一旦久了，會讓人難以消受。因為「糯米飯」，本來就不容易消化，吃久了不僅胃哥哥會受不了，也將使人叫苦連天。對我異域反共游擊隊員而言，有飯可吃，且能填飽

肚子，已經算是不錯，哪裡還有啥好挑剔的？不過，對於腸胃較弱者來說，問題可就大了，每天兩餐全都得吃「糯米飯」，日子的確不怎麼好過。凡計畫前往「金三角」地區，從事商務考察或觀光旅遊者，在出發之前可得三思而行，如果非去不可，須有心理準備才行，否則光是飲食方面，恐怕就已無法適應。

「金三角」地區一帶實在無法瞭解是否因為受土壤、水質、氣候、種子等因素影響，竟然無法出產與全球各地相同之食米稻作，僅出產「糯米」品種之稻作。又該地區所出產的「糯米」稻作，縱然不施肥、不除草，任其自生自滅，照樣能夠成長像人一般高，獲得豐收。所以，生活在「金三角」一帶的人民，尤其是撣族社會，人們每天兩餐所吃幾乎全都以「糯米飯」為主。

當然這類問題，如在農業科技進步發達的臺灣，我們的農業專家們一定有能力、有辦法找出原因所在，求得具體答案，找出解決之道。但住在「金三角」地區，問題可就不能相提並論：第一、不論緬甸或撣邦或「金三角」，在農業技術上，仍停留在以牛耕為主的原始農業階段，仍舊沒有知識與能力解決此項屬於農業科技研發與改良的問題。第二、由於「金三角」地區土地肥沃，播種之後不需施肥，也能長出1～2公尺高的稻子，生產過程雖然簡單省事，但生產成果卻十分的豐碩，因此，無人肯動腦筋、花心思去探究原因，謀求改進之道。第三、「金三角」地區撣族社會所吃的「糯米」飯，一律採用蒸煮法，每家戶每天均於晨間蒸煮，家人一天所需米飯，不但份量足夠家人食用外，也要善盡對本村寺廟「僧侶供養」責任。第四、「金三角」地區的撣邦社區婦女，在蒸煮「糯米」飯時，原則上，先將糯米洗淨，經過一小時淨泡之後，再將糯米倒入蒸籠進行蒸熟，糯米飯熟透之後，把它倒入大型竹製容器之中，讓其自然散熱，等風涼之後，用少量水與醋，撒在糯米飯之上，用手加以攪拌，最後放入有蓋容器

之中保管。不僅方便外出攜帶，而且在家人用餐時，也不至發生黏手情況。

　　緬甸人民除華人外，不論任何族群進食過程全都用手抓取。中、日、韓三國民族，基本上，生活習慣比較相近，同樣屬於使用筷子族群，在觀念上，也總認為自己才是進步文明的族群，對於用手抓飯的民族，老將他（她）們歸類為落後民族，既不文明，也不雅觀，更不衛生，給人有骯髒、野蠻之感。不過，用手抓飯的緬甸人，甚至整個中南半島民族（越南人外）卻不以為然，他（她）們總認為自己的飲食方式，才是正確的，絕對符合衛生標準。理由是在用餐時，個人單獨使用自己的餐盤（碗），個人吃個人的，根本井水不犯河水，就算是髒吧，頂多也是自己個人的問題，與他人毫不相干。

　　使用筷子的族群，尤其是中國人，為了塑造團圓和諧氣氛，總喜歡全家一起用餐，每人所用的筷子，自口中出來，再到盤裡夾菜，然後送回口中，如此反覆動作，既不符合衛生要求，也容易傳播病菌，不但是一種過時的飲食方式，也是不好的生活習慣。所以，緬甸人反而嘲笑中、日、韓等三個民族。

　　緬甸的撣邦社會，不分男女老少，幾乎全都信奉小乘佛教，就飲食方面而言，猶如電視或電影中所演的濟癲和尚一般，沒有任何禁忌。除負責耕田的水牛，擔任看門的狗，專管抓老鼠的貓以外，幾乎什麼都吃。不過，撣族人士絕大部分的家庭，基本上不吃隔夜食物，其原因主要為沒冰箱設備可以儲存剩餘食物，所以剩餘食物容易腐壞，只好用來餵養狗、貓、豬等，避免浪費。

　　撣邦社會宗教信仰篤實，因此在習慣上有一項不成文規矩（或者稱為慣例），當每一家庭主婦於晨間烹調當日食物之後，首先要將供養寺廟僧侶食物（按每家戶需準備一人份）。預為保留下來，並用芭

蕉葉或荷葉包裝妥當（菜飯各一包，待寺廟按時指派小僧侶前來取回供眾僧享用），自己家人才能進食，否則就犯大不敬忌諱。這與其他族群的宗教信仰態度有極大差異。

「金三角」地區的居民飲食習慣，其中就撣族社會而言，約有下列五大特點：第一、肉食以吃魚為主，原因是此一族群多依山傍水而居，部落居所靠近河流，魚產豐富，當然其他也有雞肉、豬肉、鴨肉、黃牛肉等。第二、食物烹煮方式多偏重辛辣帶酸口味，不論男女老幼，大家都喜愛。第三、食物多以生食為主，其中肉類也多以涼拌方式食用居多。第四、每戶甚至每個人，每餐都吃糯米飯，別無選擇。第五、吃飯一律用手抓，不用筷子、刀叉、湯匙，不過，基本上，每人的餐點各自一份，各吃各的，符合衛生要求，尚可避免傳染病菌。

當然，這種生活模式及飲食方法對於外來族群而言，在短期內不易習慣。如果沒有心理準備，就貿然前往那裡定居，日子可是不太好過喔！

緬甸軍事政府實施所謂「社會主義」制度，歷經數十年來，已弄得全國人民一窮二白，除「金三角」地區撣邦社會各族群的溫飽還算過得去外，尚有少數城鎮地區或族群，連溫飽都發生問題，生活普遍難過，至於其它民生問題，更是不在話下，所以，人民生活水準依然停留在一九五〇年代，裹足不前。

我異域反共游擊隊「飲食」問題，必須入鄉隨俗，融入撣邦社會，過著朝八晚五的生活方式，也就是每日僅吃兩餐，且吃的是「糯米」飯，其中參謀部門或後勤單位條件較優厚，可以吃到蒸煮式的「糯米」飯，位在前線的戰鬥部隊待遇可就不一樣，需要經常移動換防，加上裝備不足，設備有限，僅能吃到水煮式的「糯米」飯，活似年糕一般，時間一久，讓人有些吃不消，每每回憶那種年糕似的「糯米」飯，可真叫人「退避三舍」，不敢領教。

　　我異域反共游擊隊所需糧食，全都依賴撣邦族群部落提供，同時糧食價格則由我軍所訂定的價格為準，農民不得任意哄抬，對提供糧食農民而言，難免會造成若干價差損失，但所幸我軍占據區域內各族群部落均不需向緬甸政府繳納苛捐雜稅，基於所謂「兩害相權取其輕」的經驗法則，因此能夠獲得撣邦社群的認同與支持。至於魚、肉、蔬菜、水果等貨源，也得利用趕集機會才能進行採購。

　　「金三角」地區趕集仍舊維持每週一次，商農之間買賣交易等活動，一律訂於趕集日進行，除此時間之外，沒人從事農產品買賣交易活動，不論家庭或團體，如不利用「趕集」時間購買一週所需民生物資，生活將會發生問題。因受此「趕集」習慣之限制，我異域游擊隊所需副食品之獲得，必須採取自力更生措施，由官兵自己動手種植蔬菜，甚至養雞、養豬等，讓部隊食物供應補給不致發生困難。

　　「金三角」地區雖然地處荒山野地，但到處都有野生蔬果，可供人們自由享用，如桂圓、柚子、芒果、木瓜、芭蕉、枇杷、草莓、椰子、蓮藕、鳳梨、百香果、波羅蜜、榴槤等，種類繁多。另在湄公河及其沿線支流，魚、蝦數量多得驚人，凡路過者，見者有分，有嘗試念頭者，只要您有本事，盡可各顯神通，自由取用。

　　在「金三角」地區，果樹大多種在道路兩旁，形成所謂「果樹大道」景觀，確實美不勝收！每當水果成熟季節，任何路過者，都可自由採摘食用，不過，採摘水果並非毫無限制的喔！因為那裡有一項不成文的風俗習慣，所採摘的水果僅能就地享用，不可私下帶走，否則，就犯下竊取公同共有作物罪，此種天然水果享用生態，也成為一種特殊的果樹文化。

走過金三角

▶ 衣著款式篇

　　俗諺所謂「人要衣裝，佛要金裝」。緬甸於一九六二年開始，走上社會主義路線，推行鎖國政策，形成故步自封局面，導致科學技術與工業水準相當落後，許多地區或部落仍然停留在原始社會狀態，人民生活非常艱苦，有關穿衣問題當然也很大。

　　撣邦轄內，尤其在「金三角」地區，各族群或部落的穿衣問題，仍較其他族群或部落條件略為優厚，主要原因在於他們向以自給自足方式解決家人的穿衣問題。

　　在資源供給方面：基本上，全靠自給自足，也就是完全由各族群或部落自己從事種植棉花，自己從事紡紗，自己從事織布，自己從事染色，自己從事縫製，而這五大生產過程，各族群或部落婦女大都由自己的雙手獨自完成，或集合多人力量，以互助合作方式來生產，不需依賴外來物資，即可解決家人的穿衣問題，算起來屬於比較幸運的族群。

　　在服裝款式方面：一般而言，只有用「簡單樸素」四個字來形容最為貼切。上衣部分，男性的上衣款式，與民國初年的中國服裝近似，以粗棉布為材質，鈕扣及開口位置，跟中國唐裝式樣完全相同。

　　至於男女服裝款式，其中女性部分，基本上是無領上衣，特色為長袖、緊身，但長度僅及腰間之短身衫。至於男性部分，則有褲裝與短裙兩種款式，褲裝之款式與中式唐裝雷同，其中唯一差異是其褲長近似目前所流行的七分褲，褲管較大，褲襠很低，就好像美國「NBA」籃球隊員所穿的短褲一般，外加一條布腰帶保固，另還有寬大之短裙，緬甸人稱為「籠基」，長度過膝約在小腿間，在腰前交叉

打結即可，不需使用腰帶。女性卻僅有寬大之長裙一種款式，下擺寬大，同樣的也稱為「襬基」，加上一條銀質或布質腰帶保固，或在腰前由左向右摺疊之後加以挾緊即可。

在服裝顏色方面：男性有黑色及藍色兩種色系，女性則有白色（限於上衣用色）、藍紅雙色、黑紅雙色等三種混合色系。在穿鞋方面，男性則有草鞋及拖鞋兩種款式，草鞋為工作鞋，拖鞋為休閒鞋或外出鞋，而拖鞋則又區分為木質製品及橡膠製品等兩種。至於女性則僅以穿著人字拖鞋一種款式為主，當然也有人穿著橡膠球鞋之類。

在頭飾方面：男性部分依照傳統習俗，必須綁上一條頭巾，不過平時以綁藍色或黑色頭巾為主，但遇有重要慶典時，則須綁上一條金黃色或紅色頭巾才行。至於女性部分，有頭巾及帽子兩種款式，頭巾及帽子顏色，則依個人喜好而定，沒有特定限制。

六〇年代之間，經濟情況尚稱過得去，部分人還有能力購買外來品，但至今因緬甸軍事政府倒行逆施，不僅獨立之後，絲毫沒有進步跡象，反而連英國殖民時期所遺留下來建設成果，都無法繼續維持，讓人民生活回到古早時代，怎不叫人有時光倒流之感，實在不可思議，或許這就是社會主義路線，帶給緬甸人民的偉大貢獻，很奇怪吧！

走過金三角

▶ 住屋造型篇

俗話所謂「金窩銀窩，不如自己的豬窩狗窩」。緬甸人民的房屋形式，如依建築材料區分，計有木質建材、竹質建材、水泥質建材、混合質建材等四種建築材質。至於建築形狀也非常奇特，除城鎮外，其餘地區，絕大部分屬於「下空式高腳屋」，上層供人居住，下層供家畜夜間休息，故以「一屋兩用」來加以形容最為貼切。

在緬甸，任何人想擁有那樣的一棟房屋，其實一點也不困難，因為建造房屋用地、建材、人力，均可就地取材，不必為建築經費，或建築人工而傷神。

建造房屋所需建材，就在村莊附近森林中可找得到，不需任何花費。至於建造人力，也不必擔心，當起造人選好土地，備妥建材，做好各項準備工作，所謂「遠親不如近鄰」，等正式施工之日，左鄰右舍會自動前來幫忙。一間高腳房屋，普通只需數天時間，即可建造完成，等落成啟用之日，準備些膳食及米酒，邀請參與興建者以及左鄰右舍前來小聚一番，除表示慶祝之外，也藉機還個人情，一切就算搞定了，顯示緬甸人的生活，就是那麼簡單與樸素，不僅經濟實惠，而且完全符合「做環保，救地球」要求，蠻不錯的嘞！

在英國帝國殖民主義統治期間，基於戰略考量以及開發天然資源等經濟發展需要，對於緬甸各重要城鎮及據點，或多或少還投資了不少公共建設，至於鄉間或偏遠地區卻甚少興辦任何公共建設。居住在鄉間或山區部落之各族群，其住宅結構及建材，仍舊停留在「茅草屋」時代，且式樣幾乎大同小異，沒有太大區別。而「金三角」地區各族群之間的房屋建築結構、材質、式樣，也與其他地區，沒啥差別。

在緬甸因不必擔憂颱風、地震之威脅，所以，全國各個族群民眾，仍以居住茅草屋者較多。緬甸氣候悶熱，住茅草屋事實上也有很多優點，例如設計簡單，取材便利，建築容易，造價低廉，通風良好，冬暖夏涼，深受各族群人士所喜愛。

而各族群房屋建造，在結構、式樣、建材、興建方法等，均大同小異，唯一差別，就在屋脊兩端凸出燕尾部分，在外觀及形狀上有所不同而已，倘若未經仔細觀察，是很難加以區分的。

「金三角」地區各族群房屋型式，基本上以兩層式樓房建築物為主，一樓部分，為開放空間，除有透氣及安全功能外，還兼具飼養家畜用途；二樓部分，用來提供人類居住，此種設計構想據說具有下列五大功能：其一、因緬甸國屬亞熱帶氣候，畫間氣溫較高，此種設計目的，主要在使屋內通風，維持居家乾爽，避免潮濕，影響生活。其二、預防雨水或洪水所帶來災害，影響居家生活及安全，避免造成生命財產之損失。其三、防止爬蟲類、野獸及宵小危害，保障居家安全。其四、一樓專供豢養家畜，如牛、馬、豬、狗、雞、鴨等，夜間歇息處所，方便就近照顧。其五、因日間所有動物全都野放，夜間所排放之糞便，經每天一早清除，既可維持清潔，又可供作農耕所需肥料，可謂一舉數得。二樓部分僅供人居住，內部設計極為簡單，經由側面樓梯上去之後，一邊為進入室內之大門，另一邊為露天陽臺，可作為日間晒衣物，夜間乘涼、聊天、賞月、婦女紡紗，或堆放農具等使用。

就撣族的住家生活習慣而言，陽臺上通常放置一桶水，目的在提供家人或訪客洗腳使用（按金三角地區，各民族仍有許多人不穿鞋，平日都是赤腳，原因有二，一是不習慣，二是買不起），也就是說凡是來賓或訪客，上樓之後必須先要洗腳，才能進入屋內，以維持室內清潔。至於居住在山區之民族，基本上普遍缺乏水源，無法比照撣族

待客模式,提供洗腳用水,所以也就免洗了,至於穿鞋客人,仍需脫鞋,始可進入室內。

高腳式茅草屋其內部格局為開放空間式,正中間為爐灶,目的在方便家人或訪客圍爐,爐臺多為平面式,原則上以鐵架為爐座,式樣計有三角架式、鐵軌式、吊掛式三種,提供家庭主婦烹煮食物,或平日家人團聚圍爐,或招待來賓或訪客,作為聊天聚會使用,具有多種功能,為家庭活動的中心。至於四周,除進門一面外,其餘各角落,均可供作臥室,家人各睡一方,如有親朋好友或來賓或訪客時,原則上睡在進門靠火爐兩側,讓客人與主人之間稍微保持一段距離。

「金三角」地區的房屋建築材質基本上僅有四種建材:一為茅草(將其曬乾之後,以五至十支為一捆,對摺編紮在長條竹條上,狀似梭子長方形茅草片,供作搭蓋屋頂所需建材,為瓦片之代替品)、二為竹材(供作大樑、支柱、屋簷、牆壁、地板、樓梯等所需建材)、三為木材(供作大樑或支柱所需建材)、四為藤條(供作捆、紮、綁等所需建材)。而這些建材,均屬野生,完全免費,凡有需要,不論任何人均可自由取用,既沒限制,也無管制。

就自有住宅方面,「金三角」地區各族群事實上早已達到我國父孫中山先生民生主義平均地權:「住者有其屋」的理想目標,實在令人非常羨慕。因為在已開發或開發中國家人民,多已轉型為工商社會型態,人口過於集中都市,土地資源顯得珍貴,私有房屋價格普遍昂貴,一般薪水階級一屋難求,想要自己擁有房屋,可不是一件容易的事。尤其我們居住在臺澎金馬自由地區人民,因人口稠密,土地有限,一屋難求,一般年輕朋友如僅靠自己賺錢購買一間棲身之所,簡直是不可能的任務。

「金三角」地區房屋興建方法原則上係由部落男性以互助合作方式完成,使用時間大約僅需一天半日,即可大功告成,但先決條

件，需要建造者事先備妥所需建築材料，等準備工作完成，即可開工興建。其中屋頂部分事先要讓茅草晒乾，再用竹條及藤條將它綁成草扇，才能使用，否則遇雨會有漏水情事，所以事前準備工作十分重要。

各族群社會住宅之建造，除城鎮外，在鄉間起造房屋，所需人力根本不是問題，因為生活在那裡，不論任何民族，一旦有人起造房屋，眾人自然義不容辭，主動前來幫忙，已成為人類互助合作最好的典範。

緬甸自脫離帝國主義殖民統治之後，雖已正式成為一個獨立自主的國家，卻反而變成一個貧窮落後的國度，全國經濟發展情況遠不如殖民時期興盛，國民居住品質普遍簡陋與落後。撣邦所屬「金三角」地區，各族群在住屋品質方面，雖然無法與現代文明社會相提並論，不過還算勉強過得去，還不致發生「住者無其屋」的問題。當然，主要原因是「金三角」地區，地廣人稀，土地幅員廣闊，人們土地取得方便，容易解決住的問題，所以「金三角」地區居民，基本上稱得上是「住者有其屋」的族群。

緬甸軍事政府，一心只想鞏固領導中心，維持政權之穩定性，根本無心發展國民經濟，導致政府財政困難，使許多國有土地尚未完成測量、界定、登錄工作，無法納入正常管理，再因軍事政府沒時間管，也沒能力管，只好放任人民自由開墾使用，不受任何拘束與限制。

「金三角」地區的國有土地，在政府沒有餘力執行管理工作情況下，於是行政區域內之國有土地，一般平民百姓可以自由開發利用，凡有意者，大家一起加入打混行列，反正日子總是要過的，找一塊自己喜歡的土地，先蓋上房屋住下來再說，其他什麼都別管啦！

走過金三角

▶ 交通工具篇

俗諺所謂「前人種樹，後人乘涼」。大英帝國殖民主義統治緬甸時間長達半個世紀之久，其目的似乎只有霸占緬甸領土、控制緬甸人民、奪取緬甸的天然資源，藉機獲取各種利益。因此，基本上，在緬甸的交通建設方面，僅以軍事需要為主要考量因素，或多或少還費了一番心力，也做了若干投資，但因投資項目不多，投資經費有限，以致建設成果，當然也相對的有限。不過，總比沒有來得好。

緬甸獨立建國至今，國家內部始終處在風雨飄搖之中，軍事執政者為了達成獨裁統治目的，全面實施所謂「社會主義」制度，限制私有財產，人民經濟發展受限，無法安居樂業，導致國家日漸走向貧窮途徑，哪有力量從事交通建設，時至今日，全國性交通建設，仍舊停滯不前，陸空交通網絡普遍不足與落後。其中就「金三角」地區而言，由於地處偏遠，且有高山縱谷環繞，開發很不容易，加上政府財政困難，建設計畫難以付諸實現，如今主要交通動線僅有一條東西向的連外公路，其交通建設落後情況，可想而知。

湄賽這個泰北邊陲小鎮，位於緬、泰兩國邊境，兩國邊防軍及警察隔河相望，以橋之中央為界，橋樑東北面屬於緬甸，橋樑西南面屬於泰國，國人在前往泰國觀光，想必會有人曾經到此遊玩過。這條公路對於緬甸而言，十分重要，它不僅是緬軍重要運輸動線，也是緬甸對泰國唯一交通孔道，更是「金三角」通往泰國唯一運輸路線，具有戰略價值，對於國防需要及經貿發展極為重要。但唯一缺憾是此一公路基礎較差，除城市之外，其餘路況普遍不佳，一般而言，仍舊為配級路面，車行十分困難，尤其少部分山區路段，每逢雨季車輪通過，必須附加鐵鍊才能行駛，路況之差，由此可見一斑。

　　「金三角」地區基本上毫無任何公共建設可言，縱然在英國殖民主義統治期間，基於軍事運輸需要，已經開闢部分公路運輸線路，但主觀上，緬甸政府財政困難，無力經營與維護，大多已荒廢不堪，在客觀上，因公路沿線以外地區，多屬化外之地，政府沒有多餘時間及能力管理，除非軍事防務需要，否則也不想管，也不願管，只好任其荒廢。

　　「金三角」地區絕大部分居民及緬甸駐軍，或我國異域游擊隊，主要交通工具仍以騾馬、牛車及獨木舟等三種為主流，除供民眾使用外，也可支援軍事任務。至於獨木舟，區分為單一式或雙拼式兩種，能航行於緬、泰、寮等三國之間的湄公河流域。我異域游擊隊於一九五九年間曾經在緬甸與寮國邊境之間，即湄公河畔，興建傳統式機場及機動輪船碼頭各一座，其中運輸機場部分，可供我國空軍運輸機起降，至於碼頭部分，可供逆流而上之泰國商用中型動力船隻停靠。

　　「金三角」地區居民行的問題最大，基本上從來不曾有過或見過所謂現代化航空、火車、汽車等交通工具，當然也沒有現代化之交通建設可言，最可用又可靠的交通工具得仰賴每個人的雙腿，證明人的雙腿才是萬能的，相信沒有任何高山峻嶺，可以阻擋征服者的信念與決心。

　　「金三角」地區交通建設之落後，多少給人民帶來諸多不便，但以我異域游擊隊角度而言，又何嘗不是一件好事，由於交通建設落後，緬甸軍方後勤運補困難，讓我軍可獲得下列兩項優勢：其一、交通運輸困難，不利緬軍後勤補給作業，影響其對我軍所採取的攻勢作戰行動，減少我軍無謂之困擾。其二、有利我軍守勢戰術作為，可以長期「高枕無憂」，居留在異域。

走過金三角

▶ 馬幫組織篇

　　俗諺所謂的「騎馬坐轎，人各有命」。因此，生活在「金三角」
地區的華人社會或多或少總會飼養若干騾（馬），並以騾（馬）為其
生財的好幫手，也是唯一的交通工具，作者家人基於生計，也豢養騾
（馬）數十餘匹，其中有騾有馬，自幼即有養馬及趕馬經驗，與馬幫
有深厚淵源，如今願就豢養騾（馬）心得，提出詳細介紹如下，除與
讀者分享經驗外，也期望成為馬幫的見證人與代言人。

　　所謂「馬幫」，並非幫派組織，也非人民團體，而是中國大陸
西南地區，以及緬甸北部獨特的一種交通運輸行業。若與現代工商
社會相比，應該稱為客運公司或貨運公司，或者交通運輸行號，較
為恰當。當然兩者之間最大差異在於，前者係利用原始動物──騾
馬為其運輸工具，不僅載重量有限，且需供應充足草料；後者則係
利用機械化取代，如飛機、火車、汽車，或輪船為其運輸工具，載
重量大，必需供應足夠燃料。

　　「馬幫」這一名詞，以臺澎金馬地區讀者而言，應該是很陌生
的，甚至可能有少數人不知為何物。其實馬幫這一組合體，平日並不
存在，而是根據市場客、貨運輸業務需要，由代表性人物負責承攬，
然後號召同道臨時組合而成，從事偏遠山區部落之間駄運業務，它是
一種臨時性駄運團隊，也是滇緬邊區極為普遍而重要的交通工具。

　　「馬幫」既然是一種交通運輸工具，其駄運項目包括人員及貨物
兩類，但一般而言，仍以從事貨物駄運為主，提供人員騎乘為輔，因
為用於騎乘者，除騾馬的選擇及訓練須有所區別之外，馬鞍的設計款
式也有所差異，不過兩者均普遍受到該地區民眾及來往商旅的認同與
肯定。

「馬幫」僅是一種臨時性組合體，因此，不必申請公司設立登記，不需申請營業登記證，更不用繳納稅金，凡有志一同者，既沒資格條件限制，也不需繳交靠行費，只要得到發起人同意，任何人均可加入。不過加入馬幫，除享有團隊支持照顧福利外，也需善盡個人義務，必須共同承擔駄運成敗責任風險，分攤組織各項支出費用，聽從發起人或「鍋頭」領導指揮，一旦加入，必須接受團體規範，過團體生活，隨團體行動，無法享有個人自由權利。

中國大陸西南至緬甸北部地區一帶，多屬叢山峻嶺，普遍缺乏現代化交通工具，居民來往及貨物流通，仍須依賴騾馬駄運。作者家族因經商關係，需要足夠騾馬為其交通工具，於是豢養數十餘匹之多，其中有種馬及工作騾馬之分，種馬肩負生產幼騾、幼馬之責任，可免除工作，其餘騾馬，全都需要加入工作行列，不是供人騎乘，就是從事貨物駄運任務，是人們日常生活的交通工具，也是生財致富的生產工具。

生活在滇緬邊區的男孩，於讀書之餘，基本上都必須幫忙照顧騾馬，分擔家長的辛勞，例如早晨起床之後，第一件事，要將騾馬趕出馬廄放牧，至於放牧地點、行經方向及路線，不須主人費心，母馬自會帶領族群向草原區前進，不愧被人稱為「識途老馬」，確實有其根據。第二件事，打掃馬廄，因馬廄地板是用原木建構，必須每日打掃，保持乾淨，避免髒亂，可延長原木使用年限，預防招來蚊蠅，否則將影響騾馬休息，讓主人也不得安寧。所以，養馬人每日首先須做完這兩件事，才能從事梳洗、早餐、上學或工作。

下午放學回家，第一件大事，必需將騾馬全部召回，一個也不能少，以策安全，否則一旦讓牠流落野外，不是被人偷盜，就是被虎豹獵殺，不論發生何種情況，對養馬或趕馬人而言，同樣損失慘重。在招回騾馬過程中，養馬或趕馬人通常得割一擔牧草，帶回來供騾馬當

作宵夜，因騾馬在夜間除休息外，還需不時進食以儲備體力，好為人類提供好的服務。

騾馬夜間進食，原則上，每匹騾馬每晚約需30至40公斤草料（另每天要喝3～4公升水），才能提供足夠營養，有體力為人類完成駄運重擔，否則，一旦營養不足，體力必然不繼，擔任駄運工作途中，將有疲乏或罷工舉動，給主人增加困擾，所以，養馬人平日對於騾馬的照顧工作，一點都馬虎不得。

緬甸政府定期執行勘查巡邏邊界，必需徵調僑社「馬幫」擔任駄運工作。原因是緬甸數千公里邊界，多位在叢山峻林之中，交通非常不便，官員及隨軍後勤補給不易，必須依賴騾馬支援駄運，政府一旦下達徵召令，被徵調者，不論任何人均不得加以拒絕，否則，將會吃不完兜著走。凡有騾（馬）家庭，一概不能倖免，除待產或剛生產之母馬及幼騾、幼馬之外，一律列為徵調對象，依照地方官員呈報數據一個都不能少，不然會被扣上不合作罪名，而吃上抗拒官府行政命令官司。

擔任馬夫其實並不件容易的事，工作十分辛苦，許多新手初次上路，一時之間手忙腳亂，從早忙到晚，除晚上睡眠時間外，幾乎沒有休息機會，每天約走九至十小時路程，中途沒有休息。例如早上六點起床，約有一個小時從事梳洗、打包、早餐、檢查駄運器材、提供騾馬飲水，七時準時出發，下午五時左右才能抵達紮營據點，停下來並非只管休息而已，因為還有許多工作等待逐一完成，例如大夥必須尋找煮飯、燒菜及晚間照明、驅蚊所需木柴，帶領騾馬至溪流飲水及放牧，搭蓋睡眠所需棚架，準備騾馬夜點所需足夠草料，晚餐過後，找回騾馬、拴好騾馬、供應夜點，最後才能從事個人梳洗等瑣事，至晚間八時能入眠已經算是不錯，其辛苦程度由此可見一斑。

　　「馬幫」的組合，基本上需要具備兩項要素：第一個要素是「人員」，也就是馬夫，或稱之為趕馬人；第二個要素是「騾馬」，也就是有騾有馬，習慣上雖稱為「馬幫」，但實際上，騾才是構成「馬幫」的主力，以個人的經驗，從未見過以馬為主組成的「馬幫」組織，也就是說，「馬幫」除馬之外還有騾，兩者才是構成「馬幫」的主體性。首先就人員組成部分，人數約在十餘人之間，負責騾馬管理及照料事務。其次就騾馬構成部分，騾馬數約在三十至四十匹左右，從事人員運送及貨物駄運工作，均屬構成「馬幫」的主要動力，兩者是一體的兩面，缺一不可。如果僅有馬夫而無騾馬，必然英雄無用武之地；倘若僅有騾馬而無馬夫，只能稱為騾馬群，無法構成「馬幫」組織，更不能發揮應有的運輸功能，唯有兩個要素皆完全齊備，才能構成「馬幫」組織，使其發揮相輔相成的作用與功能。

　　「馬幫」的組合規模，基本上，不論質或量，必須加以適當的控制，才能利於組織控管，方便團隊運作。如果組合規模過小，將增加營運成本，不符經濟效益，致所有人或管理人均無利可圖。倘若組合規模過大，雖可降低營運成本，符合利多目標，但不利於組織控管，影響團隊運作，容易滋生問題，造成團隊困擾。若因組合人員能力或經驗不足，騾馬體能狀況不佳或耐力不夠，勢將影響整個團隊運作，無法如期完成駄運契約，因此，組合人員及騾馬之品質及數量的適當控制，是「馬幫」組合成敗的關鍵所在。

　　「馬幫」組合數量，其中就馬夫部分，一般以十人左右比較恰當，至於騾馬部分，則以三十至四十匹間較妥。組合體過大，控管不易，組合體過小，不符效益。唯有組合體控制適當，才能符合經濟效益，例如一個「馬幫」團隊，僅需煮一鍋飯，燒一鍋菜（如火鍋菜一般），就能解決全體的飲食問題，如此伙夫僅需一人足以勝任，可減少人力負擔，簡化烹煮過程，爭取趕路時間，節省費用開銷。相

反的，如果組合體過大，將使馬夫人數及騾馬匹數過多，組合規模必然龐大，所面臨的問題，必然較多而複雜，團隊行動將受到一定程度的影響。所以，馬夫人數及騾馬匹數必須加以適當限制，才能有利組織控管，避免問題的發生。因為唯有組合人數控制得宜，大夥可以同桌用餐，「鍋頭」便可藉用餐機會傳達「馬幫」規矩、禁忌、團隊要求、限制，個人必須遵守、配合事項，同時也可聽取同行經驗或意見，對於檢討過去、策勵未來，能夠發揮「事半功倍」效果。避免在團體行動中，發生「一人一把號，各吹各的調」等現象，使「馬幫」成為堅實的組合體，達到共存共榮目的。

「馬幫」組合規模，倘若規劃得宜，不僅內部組織較為嚴密，控管也比較容易，團隊安全也可獲得更佳保障。其次組成規模適當，在團隊行進途中尋找紮營地點、水源、草料比較容易，「馬幫」吃住問題也比較容易解決。相反的，如果組合規模過大，騾馬數量必然過多，不僅內部組織控管不易，僅就行進途中，有關紮營場地選擇、水源、草料獲得等，其困難度必然很高，勢必增加無謂困擾，尤在安全維護方面，也將面臨更多難度。

騾馬搭配原則，基本上，「馬幫」組織體，多以騾為主體性，馬僅居搭配角色，也就說「馬幫」組織體，其中大多數為騾，少數為馬，其原因在於騾不論體力或耐力，均比馬強，但騾係由「公驢」和「母馬」交配之後，所生下的混種產物，馬是騾的娘，唯有母馬，才能穩住騾心，養馬人或趕馬人比較容易掌控騾群。馬不僅是騾的生母，也是騾群的領航者，在放牧時，通常由母馬帶領，騾群追隨於後，只要馬媽還在，騾群絕對不致走失。馬的本性溫順，除發情或情緒不佳，或因工作勞累過度外，少有不聽主人指令（按指經過訓練的騾馬，絕大部分都能聽懂人類的指令，會依照人類指令行動），或發生攻擊人類之粗魯行為。騾的本性較野，容易緊張，脾氣暴躁，每當

情緒不佳，或工作勞累過度，或發情期間，會偶而出現撒野或粗魯等動作，有時也會出現攻擊人類的野蠻舉動。騾對於陌生環境能保持高度警覺性，稍有風吹草動，除立即發出警訊外，也會拔腿就跑，具有防範小偷接近或獵食動物覬覦的基本能力。所以，一個「馬幫」的組合體，必須有馬有騾，靠馬安定騾心，靠騾背負重任，忠誠而無條件地協助人類完成繁重的搭載、運輸、耕田、拉車、生產等工作，除了只求足夠草料與飲水之外，從不要求其他回報。

　　騾與馬的差異，就一般人而言，光從外貌來看，就能輕易加以辨別出，不過，因騾的外型酷似驢，鬃毛少、尾巴短，屬流線型，耳朵大，體型比驢略大，與馬相近（按此指以東方馬匹而言），但兩者比較之下，馬體型像個典型的胖子，耳朵小，鬃毛厚而長，尾巴活像雞毛撢子，腿粗，腳大，幾乎沒啥好身材可言。總之騾體型麗質天生，自出生起就有好身材，不需控制食物，也不必限制體重，更不用瘦身減肥，真叫現代愛美人士為之羨慕。

　　就以個人所知，目前在緬甸華人社會，尚無純正的小騾出現，原因是純正的騾，必須是由公騾與母騾交配，才會生得出來。但公騾生性較野，長大之後難以駕馭，一旦撒起野來，會主動攻擊人。聰明的養騾人為防範未然，當小騾出生之後就將其睪丸切除，使牠成為太監，以永絕後患，避免日後自己帶來麻煩問題，難怪人類一再自我表示擁有主宰宇宙萬物的能力，光從這點來看並非浪得虛名。

　　公騾一生的命運猶如古時宮廷太監，一輩子沒機會跟母騾、母驢或母馬有過性交行為，也不曾有過追求母騾、母驢或母馬的戀愛經驗，實在枉此一生。但公騾的遭遇，略比宮廷太監稍為好一點，因為牠們總算還能保住自己的槍桿子，但美中不足者是僅能把玩而已，因為沒有子彈，所以，不能發揮任何作用，只不過成為隨身配備，當然最大的功能，是用來撒尿而已。

　　至於「公驢」跟「母騾」，或「公馬」跟「母騾」之間的交配行為，僅能尋求一時快樂而已，不會產生任何結果，無法生出小驢、小馬或小騾來，因為騾沒有成熟的生殖細胞，故無法孕育下一代。

　　公騾本性較野，很不容易駕馭，如果讓牠持有槍枝，又有子彈，將會天下大亂，因牠會為了占有母騾或母馬，而容不下其牠同類或近親。當然多了持有槍枝，擁有子彈的公驢或公馬，將使騾（驢、馬）群，同樣生活過得不安寧，牠們除了不惜排斥同類或近親之外，甚至經常發生性騷擾行為。「驢」與「馬」之間的差異，驢的體型較小，馬的體型較大，一般人雖少有機會接觸到，也很容易區分，所以識別牠們並不怎麼困難，因為目前全世界各國的動物園裡，應該都有這幾種動物才對。

　　騾馬既是人類的好朋友，也是很出色的得力助手，幫助人們從事馱運貨物的工作，所以，馬夫對於騾馬的照料顯得十分的重要，一點不能馬虎了事。每一馬夫照料的騾馬匹數必須有所節制，如能控制在三至四匹之間，最為適當，若匹數過多，馬夫恐會力不從心，如果夜晚不能讓騾馬吃飽喝足，日間將沒足夠體力來完成艱鉅的馱運工作，屆時勢必給主人添加麻煩，甚至影響整個團體行動。基本上，每一匹騾馬，在夜間並非只有休息而已，牠還需要吃下足夠草料，才能填飽肚子，以補充日間所消耗大量體力。而草料之獲得，需靠馬夫預為準備，在必要時供給享用，若夜晚不能填飽肚子，日間將因體力不支而脫隊，給馬夫個人或團體製造問題。再因騾馬馱運路線，多屬山區羊腸小徑，忽上忽下，忽高忽低，崎嶇不平，又因叢林深處，陽光不足，視線不佳，尤其靠近水源地帶，多屬泥濘不堪、寸步難行之地，在行進中一旦因重心不穩或路滑，容易使騾馬摔倒，或因鞍繩斷了，或貨物鬆散了，馬夫未能及時察覺，將會發生意外事故，造成嚴重損失。所以，每一馬夫照料的騾馬匹數不宜過多，以免力不從心，帶來

災難後果。唯有騾馬均在馬夫視線範圍內前進，才能防止意外事故之發生，保障騾馬之安全，減少人類之損失。

　　「馬幫」管理方式，通常由一位同行稱為「鍋頭」的人物，擔任領導指揮工作，統籌組織管理事務。所謂「鍋頭」顧名思義指同吃一鍋飯的帶頭人，若以現代人的標準來看，應該稱為領隊、帶隊或指揮官。不過唯一的差別，是由發起人本人親自擔任，或由發起人指定人選擔任，並無正式派令，也沒職務津貼，屬義務性職務，貢獻個人能力，義務為人群服務。

　　「鍋頭」的職務一般而言約有兩項：其一、對內負責「馬幫」領導、指揮、策劃及管理事務，例如組織發起，隊員召集，時間及行程確定，行動路線規劃，糧食用品採購，費用及收支管理等事項。其二、對外負責馱運業務招攬，馱運路線途經官署協調連繫、對外聯絡及交涉事項，可說是一個「馬幫」組織不可缺少的靈魂人物，更是「馬幫」成敗的關鍵所在。

　　根據經驗法則所知，馬幫規矩不少，禁忌也很多，個人一旦認同加入，必須嚴格遵守團體規範，不得違背，否則將招致同伴之撻伐或唾棄。首先就團隊組合規模、期間、時程、經過路線，需要共同注意及配合事項，皆有不成文的規定，而這些規定，一律由「鍋頭」負責規劃提出，並當眾公開宣布，一經大夥確認，任何人不得擅自更換或改變，不然就得請您另謀出路。其次在團隊行動與秩序方面，究竟由誰擔任帶頭，由誰負責殿後，均由「鍋頭」統一指定，一旦經過確認，全體隊員必須接受並加以遵守，維持團隊秩序，便利團體行動。「馬幫」組織體不論團隊大小在習慣上要有壓陣之寶，它是一個「馬幫」的精神象徵。

　　所謂壓陣之寶事實上區分為兩類：其一是「鈴鐺」兩串，其中一串為大鈴鐺，共有兩個，配戴在一號帶頭騾頸部及前大腿間，另在額

頭及兩耳下方,加掛由紅色犛牛毛所製成之綴子及綵球。另一串小鈴鐺,共有八個,配戴在二號陪襯騾頸部及前大腿間,當然也有前述同款式的綴子或綵球,兩者唯一差別是一號帶頭騾佩帶者略大,二號陪襯騾佩帶者略小。其二是「鑼」一面,由最後一位馬夫負責掌管,且須每三秒鐘敲一次,兩者前後呼應配合,可謂相得益彰,兩者缺一不可,除能顯示一個「馬幫」的聲勢之外,主要想藉震耳的鈴聲及鑼聲,排除凶神惡煞靠近,驅趕獵食動物,保持安全空間,穩定騾馬情緒,避免帶頭騾的緊張或恐懼害怕而裹足不前,影響「馬幫」的團體行動。至於鑼聲響起,除與前方鈴聲配合,讓其發揮相互呼應效果外,也由後方傳達團隊行動維持正常訊息,藉以安定人心。

鈴鐺的構造及形狀,其中大鈴鐺部分,外殼材質為銅,直徑大約十五公分左右,中間圓球材質為鐵,直徑大約五公分,繫在大約三公分寬之皮圈上。小鈴鐺一串共有八個,材質、式樣與大鈴鐺相同,兩者差異之處是小鈴鐺外殼直徑僅有約五公分大,兩種鈴鐺在騾行進間,更能發出巨大聲響,其中大鈴鐺音響為低沉,小鈴鐺音響則為尖銳。

鑼的構造材質為銅,直徑大約三十公分左右,敲擊之後可發出中等音響。一旦前方鈴聲與後方鑼聲相互呼應,更能傳達合音訊息,拼奏出美妙的樂章,尤其在深山縱谷中,縱然位在遙遠地方,照樣也能聽到,不僅是一種游動式的音樂演奏會,也是一項人為與自然的巧合,可讓趕馬人一時忘卻旅途之勞累與辛苦。

「馬幫」擁有擔任帶頭騾資格者,不僅是騾本身的造化,也是騾主人的榮耀,因為一個「馬幫」組織體,對於一號帶頭騾及二號陪襯騾的挑選相當重視,其要求條件相當嚴格,不是隨便一匹騾可以充數,例如一號帶頭騾須為雌性,不僅需要膽大心細,沉著穩健,一旦出發上路,必須勇往直前,尤其在行進間,要能隨時保持

警覺性，觀察路況，注意徵候，如有異狀應即時做出反映，讓趕馬人有時間採取應變措施，防止意外事故之發生。至於二號陪襯騾須為雄性，但兩者不論外貌、體型、顏色、健康狀況，必須旗鼓相當，並有雷同之處，兩者雖為不同的個體，但實際卻為一體的兩面，須有互補作用。

趕馬人一般而言也相當迷信，沿途所經之處，逢廟就拜，遇神便求，目的只想求個快樂出門、平安回家罷了。首先馬幫出發時間，必須經過一番求神問佛程序，才能敲定。其次在途中的燒菜方式，一概採取大鍋煮，主要避免因燒、烤、煎、炸所產生的氣味而引來獵食動物，對騾馬造成恐慌或危害。又對老虎或花豹，一律改稱大貓或小貓，對蛇則改稱長蟲，諸多忌諱，每個人必須注意或牢記，千萬不可任意破壞規矩。總之，「馬幫」的各項規矩、禁忌、迷信實在多得不勝枚舉，僅能扼要敘述，無法詳細介紹。

「馬幫」組織體雖是一種單純的駄運行業，騾馬又為重要的生財工具，屬於有價標的物，另所駄運貨物必然多屬有價物件，途中容易引起土匪、強盜、小偷等歹徒覬覦，因此，必須強化自我防衛能力，才可以防範未然，確保團隊安全。至於防範之道，在積極方面，所有成員必須團結一致，人人互助合作，時時提高警覺，處處防範未然，不讓歹徒有機可乘。否則，一旦有所疏失，導致發生意外事故，不僅造成「馬幫」損失，甚至可能危害馬夫個人性命。馬幫在夜間紮營時，必須構成嚴密防衛隊形，晚間需有人輪流守夜，妥善運用本身有限力量，預防歹徒伺機犯案。在消極方面，馬幫必須根據地區特性，攜帶武器或刀械，強化本身自衛能力，確保運輸過程的安全。

「馬幫」隊伍所經之處，全屬叢山峻林，沿途居民多屬少數民族，其中除撣族外，餘於各族群，均無文字可考，所以沒啥文化水準可言。而撣族居住地點大多靠近盆地或河流，農作物產種類自然繁多

且豐富,比較適合支援勘界運輸「馬幫」隊伍之停留、休息或整補。一旦有機會從事休息整補,「馬幫」成員也可藉機休息一下,讓大夥喘口氣,利用機會洗個澡,清洗衣物,看看撣族姑娘,或以香皂、梳子、鏡子、手飾、或化妝品等物品,換取一些食物或酒類,甚至藉機觀賞撣族姑娘舞蹈表演等,這可是「馬幫」組織體唯一的休閒與享受,也是沿途辛苦之餘最好的一項福利。

總而言之,騾馬既是交通工具,也是生產器具,更是中國大陸西南地區,乃至緬甸北部僑社,一種重要資產,與僑胞生活息息相關,一旦缺少「馬幫」行業,不僅各地交通運輸將會受到嚴重影響,商業交易活動必然陷於停頓狀態,連帶也將使許多人面臨失業局面,經濟來源受到影響,甚至造成家庭經濟破產,人們生活陷入困境。

流落異鄉的僑胞,表面看起來似乎還不錯,實際上,生存很不容易,生活更是十分艱鉅。有時縱然受制於人也不敢加以抗拒,因為「人在屋簷下,不得不低頭」。不像在我們國內,大家自由自在,只要從事正當工作,過正常生活,沒人敢找你麻煩,遇到不滿意時還可發發牢騷,甚至連總統,或政府官員,不僅能夠批評,還可加以漫罵,想必這就是民主政治可貴的地方,盼望大家一起珍惜它。

 受教機會篇

　　所謂「學問為濟世之本，知識為成功之母」。緬甸自一八八六年起，即屬於大英帝國殖民地，而殖民者之主要的目的是想利用緬甸人民的奴工，從事開發緬甸的豐富天然資源，除運回大英帝國本土享用外，也供作掌控印度殖民既得利益，進一步作為侵略中國之戰爭物資。所以，英國殖民政府，並無多餘心力推動教育工作，讓絕大多數緬甸人民連基本的義務教育機會也沒了。原因是在一九三七年以前，大英帝國並未在緬設置總督府，僅將緬甸劃歸印度的一省而治之，由駐印總督指派省督人選，負責執行緬甸殖民事務。英國駐緬省督官員根本沒有多餘資源來推動緬人之教育工作，使緬人之受教機會也就相對受到限制。

　　「金三角」地區，除景棟、大其力兩大主要城市，其餘地區或山區部落，不僅過去大英帝國殖民統治者，甚至當今軍事政府之教育主管部門，恐怕從未想過在當地設置學校，使該地區各族群或部落的學齡兒童，根本無法享受正常之國民義務教育，實在可悲！目前該地區縱然有學校之設立，也以私人興辦者居多，其中辦學不遺餘力之族群，當以華人社會最為積極，一旦各社區學齡兒童到達一定人數，家長們必然竭盡所能，發起設立華語學校運動，進行籌募經費，興建校舍，物色師資，引進教材，讓華人子弟獲得正常教育機會，顯示他（她）們心繫祖國，熱愛中華文化的赤子之情，表現令人可敬可佩。所以，「金三角」地區就整體而言，其居民文盲人數遠比其他地區為高，尤其本區域內之女性人口，幾乎全都屬於文盲階層，對於下一代之教育工作影響非常之大而深遠。

　　「金三角」地區，一般婦女沒有受教機會，當然更不懂得如何節育，有關生育問題，完全順其自然，聽天由命，所以出生率也特別的

高，但是因為沒有醫院、醫師、助產士，甚至醫藥資源也相當缺乏，相對也使新生兒耗損率非常高，簡直順應了所謂「物競天擇」的自然法則，能夠存活下來者，表示在先天上已具備某種優越的生存條件，算起來何嘗不是一件好事。

我國異域反共游擊隊資源與能力有限，尤其在經費上已經是所謂「泥菩薩過江，自身難保」，根本沒有餘力可幫當地居民，解決任何問題，只有順應事實，任其自生自滅。不過所謂「天無絕人之路」，辦法是人想出來的，例如住在該區域內的主流民族——撣族，每一個部落社區都建築有大型寺廟，並由職業僧侶擔任住持，負責寺廟內部之管理，以及小僧侶之教育工作。各寺廟對於小僧侶之教育工作可謂不遺餘力，因為按照撣族部落社區一項不成文規定，凡男性到了上學年齡，必須進入寺廟擔任三年僧侶，專心研究佛教經文，認識佛祖思想，學習佛教文化，也因而使撣族文化得以繼續傳承，進而發揚光大。

撣族每位學齡兒童在進入部落社區寺廟、擔任僧侶，期間為時三年，在此期間，每位小僧侶必須住在寺廟裡，一概不能回家，每日定時在老僧侶指導下，從事研究佛學，學習經文，或印刷經文。另每日早晚念經課，均集中在寺廟大廳舉行，全體僧侶，不問老小，不分新舊，全體參與，所謂「朗讀聲、佛具聲、鼓聲、鐘聲，聲聲入耳」，此起彼落，好不熱鬧，場面十分壯觀，有時也會有信眾前來朝拜，無論衣著、儀容、行為、舉止、態度，必須保持莊嚴與安靜，人人必須遵守，就算家長與自家的子弟相見，也得依照佛教禮節或規矩，全都行下跪禮，以示對佛祖及僧侶之崇拜與敬仰，其虔誠態度由此可見一斑。

每位小僧侶進入寺廟進修三年期滿之後，原則上，一律返俗，回到自己來處，重新與家人團聚，開始從事耕田、狩獵、娶妻、生子，

過一般正常人生活。凡甘願意繼續留下來，擔任永久性僧侶者，寺廟住持也樂觀其成，只要經過家長認同，廟方通常願意接納。

在寺廟進修期間，小僧侶的衣著款式，一律穿著袈裟，所需袈裟，原則上由寺廟統一提供，也就是將已返俗小僧侶留下之袈裟，加以清洗或整理後，再分發新進者使用，如果沒有現成者，需由小僧侶家長自行準備，顏色為橘黃色。

在中南半島各國之僧侶，不論身分或地位，備受信眾尊崇禮遇，於是各寺廟僧侶們的每日飲食問題，全都不用寺廟住持或僧侶擔心，因為在當地，尤其在「金三角」地區，依照撣族的傳統習俗，各寺廟僧侶的飲食原則上全由各部落家戶分別負責供應，僧侶可專心研究佛學、學習經文、閱讀經文，不必為民生問題傷腦筋。

至於飲食收取方式，每家戶只負責準備飲食，不必操心送達問題，因為每日會由寺廟輪值小僧侶於上午用餐之前，按時前來各家戶收取，但收取回來之食物，必須先祭拜完天地、佛祖、神明之後，僧侶才能進食，每日用餐次數及時間，原則上，僅有兩餐，時間為朝九晚五，也就上午在九點左右，下午在五時左右，其剩餘食物，用於餵養貓、狗、雞、鴨等，讓畜生跟僧侶們一起共享人間美食，但決不留置下來，供作隔日食用。每一家庭主婦，每日上午燒妥飯菜之後，在家人尚未進食之前，須預作準備兩人份之飲食，並利用香蕉葉包紮妥當，等候輪值小僧侶於每日上午八時左右前來收取，如住戶無人在家等候者，須將所備妥之飲食懸掛在自家附近明顯之處，方便小僧侶取回。

作者離開「金三角」地區，已經時隔四十餘年之久，根據瞭解，目前該地區幾乎毫無任何改變，試想我們個人的一生，究竟能有幾個四十年，所謂「逆水行舟，不進則退」，的確值得緬甸軍事政府當局反省，更值得緬甸人民深思。

走過金三角

▶ 娛樂享受篇

　　所謂「樂」，計有「喜樂」、「歡樂」、「快樂」、「娛樂」之分，是我國父孫中山先生，所創民生主義六大需要之一，對於人類生存發展具有舉足輕地位，在人類生活上屬於重要的一環。但在「金三角」地區，由於緬甸政府推動鎖國政策，使經貿發展工作受到嚴重衝擊，導致國家與地方財政收入陷入極度困境，因此，不論聯邦或地方政府根本無法提供財力，支援交通建設工作，在交通建設嚴重不足情況下，間接使得各族群或部落之間有關文化與藝術交流活動機會，也相對受到若干限制與影響。

　　「金三角」地區的各族群或部落，在文化的發展與藝術的創造方面，相較之下，與其他地區出現很大的落差，其原因在於「金三角」地區的各族群或部落根本無法獲得聯邦政府、邦政府或縣政府支援任何經費或人力，也未提供任何資源，協助或輔導該地區從事文化發展，或藝術創造等活動工作，使「金三角」地區的各族群或部落，在文化發展工作方面，始終裹足不前，尤其在藝術創造活動方面，相對受到更大的阻礙與影響。

　　「金三角」地區的各民族或部落，基本上，除撣族及華人社群外，其餘少數族群或部落，幾乎沒有任何娛樂活動可言，而撣族部落之文化活動，常舉辦的大概僅有徒手舞蹈、鼓舞、劍舞、戲劇、廟會、潑水節、新年、單人獨木舟、團體划獨木舟、游泳或撈魚等競賽活動。至於其他少數民族或部落，根本沒有任何娛樂活動項目可言，縱然有，其活動項目也相對地少得可憐，有少數族群或部落甚至根本不知「娛樂」活動為何物？

　　在「金三角」地區的華人社會，卻經常配合年度或季節，定期舉

辦各種娛樂活動，所推出的活動項目，係以中華傳統文化為背景，節目內容有話劇、舞龍、舞獅、高蹺、旱船、划龍舟、游泳、歌舞、打陀螺、劍道、中國功夫、樂器演奏、盪鞦韆、拔河、太極拳、花燈、麻將大賽、猜謎、書法競賽等活動，與電影欣賞會等，均由當地華人社區自動自發性組成活動團隊，從事節目規劃與演出，達到自娛而娛人目的。

　　沒有華人居住之地區，則由我異域反共游擊隊的游擊健兒們，組成演出團隊，從事巡迴演出，至於演出節目及內容，係以官兵自編、自導、自演方式，湊合演出，僅能以所謂「濫竽充數，聊勝於無」來加以形容。主要原因在於，我游擊健兒們資源不足，人才有限，練習時間短暫，演出地區及場次也相對受到若干限制與影響，所能呈獻給當地異國族群或部落者也就非常的有限。

　　所幸我參與演出之游擊健兒們能夠全力以赴，每個人均使出渾身解數，大家用心練習，賣力演出，目的在趁演出機會博取居民好感，藉機宣揚我中華文化，同時也想透過聯歡機會，拉近我軍與當地居民間的距離，讓彼此建立良好的互動關係，贏得當地居民向心，使當地居民成為我軍的得力助手，以利執行各項軍事管制措施，確保基地安全。

走過金三角

▶ 生活趣味篇

　　所謂「生於憂患，死於安樂」。但在撣邦轄內或在「金三角」地區的各族群或部落社會，人們的生活模式，雖為多元性、多樣化，卻保持簡單純樸的生活習慣，其中最大特色，就是維持「日出而作，日落而息」的生活步調，每個人的生活目標，似乎只在追求自己、家人、部落、族群之間生活能夠維持溫飽，日子能夠過得平安，不論由那一國、那一族、那一幫、那一派、或那一人來統治，或管理，大家根本無所謂，沒人願意加以過問，也不想過問，這種「與世無爭」的人生觀，不僅是他（她）們共同一致追求的人生理想，也是他（她）們共同喜愛的生活目標。

　　不像咱們國內最近幾年來一直處在紛擾之中，除了區分所謂「那一幫」、「那一派」之外；又區分所謂「執政黨」、「在野黨」，其中又區分所謂「主流派」、「非主流派」，另外又區分所謂「本土派」、「外來派」，又有所謂「意識型態問題」，又有所謂「國家認同問題」，又有所謂「族群融合問題」，又有所謂「臺灣人與中國人問題」，又有所謂「拼音法使用問題」，又有所謂「核四存廢爭議問題」，又有所謂「入聯與返聯問題」，大大小小問題還真的不少。但全都不是問題的問題，真正說穿了，只為了選舉勝敗的問題罷了，結果弄得大家全都「烏撒灑」實在糟糕透了，可真叫人厭煩。很抱歉！又扯太遠了啦，咱們還是言歸正傳，回到正題，繼續介紹撣邦族群或部落的趣事吧！因為討論這些有趣的話題，才會讓人感到好玩和快樂！

　　其一、「金三角」地區男女之間的戀愛方式，基本上，是由女性採取主動，而男性僅能處於被動地位，但在進行式中，卻又由男性遷

就女性，如果女性有「開放三通」的意願，就會在晚間之際，邀約三五好友，將自己的紡紗機具，搬至部落中心地帶空地點之上，大家圍成一個圓圈，中間燃起營火，猶如小型營火晚會一般，姊妹們一邊紡紗，一邊唱出美妙歌聲，證明她們已到談情說愛之齡，擺出「姜太公魚釣，願者上勾」姿態，號召天下未婚男士，凡有意追求者或不知死活的傢伙，膽敢「自投羅網」的話，歡迎前來冒險嘗試，一旦有人敢來同歡，就可彼此開始談天說地，閒話家常，對唱情歌，等到男女雙方都覺得對方已經到了「三看兩不厭」的地步，就可展開提親動作，從此將會有情人終成眷屬。不過，當地雖有這樣開放的男女戀愛尺度與空間，所謂「搶婚」事件依舊時有所聞，而且屢見不鮮，顯然有少數登徒子為達目的，不擇手段，只好採取所謂「霸王硬上弓」方式，為了得到所愛，可是像強盜一般用搶來的。

其二、「金三角」地區，男女兩性，習慣上，都不愛穿內褲，於是每當女性「接獲紅單」期間，所經之處，總是必然留下痕跡，有時會出現令人「慘不忍睹」的場面。所以，穿內衣褲，對他（她）們而言，可是多餘的事，我們華人形容他（她）們似乎有「內褲煩惱」問題，即所謂「縫起來費時，穿起來累贅，洗起來麻煩」，因此能免就免了，此種原始文化現象倒也很特別。由此現象推斷，在「金三角」地區，應該是男女性內衣褲推廣銷售最具有發展潛力的新興市場，值得全球各國內衣褲產銷業者積極前往開拓。

其三、「金三角」地區，若以穿著時髦角度而言，其中要以阿卡族女性最為先進，因為她們所穿的裙子尺寸最短，猶如當今全世界女性共同喜愛、曾經形成流行風潮的迷你裙，而開放程度，較我們文明社會有過之而無不及，沒想到在遙遠的蠻荒世界，也有時髦開放的一面，常讓我異域游擊戰士們心理難免產生「想入非非」的邪惡念頭。

其四、「金三角」地區，女性從來不穿胸罩，生來一切順其自然，毫無做作，不需掩飾，的確已將我國推廣所謂「自然美」專家蔡燕萍女士的學說，發揮得淋漓盡致，毫不保留地把個人美好身材，完全呈獻出來。所以，也是全球各國內衣褲產銷業者前往開拓市場的好地方，推廣人人穿著內衣，不過倘若有興趣的話，其行動得要快，以免錯失商機，因為「金三角」地區可是一個具有發展潛力的外銷市場。

其五、「金三角」地區的各族群女性，普遍喜愛佩戴各式各樣飾物，種類包括金飾、銀飾、銅飾、鎳飾，乃至鐵飾等，簡直到了所謂「穿金戴銀」地步，其中佩戴最多者，要以苗族及阿卡族分別佔據冠亞軍地位。各國內廠商或業者，若對上述相關飾物製造、加工、銷售發生興趣，同樣也是一個很有發展潛力的外貿交易市場，值得前往開拓。

其六、「金三角」地區的各族群居民除泡茶及煮湯之外，幾乎全都飲用生水，水源來自雨水、江水、河水、溪水、泉水，乃至池塘裡的水，口渴了舀起來就喝，過著所謂「不乾不淨，吃了沒病」的原始生活方式，您我生活在現代文明社會的人們，感到有些不可思議，不過習慣了也就好，因為這對他（她）們而言，根本沒什麼嘛！不過，初到者可得小心為妙，千萬不要輕易嘗試，以免「病從口入」，若不幸給自己帶來病痛災難，那可不是好玩的噢！

其七、「金三角」地區的各族群或部落，其中絕大部分人，不分男女老幼，人人都會嚼檳榔，也愛嚼檳榔，而且女性還喜歡把牙齒塗得黑黑的，展現另一種另類的美感，沒想到在我們現代化文明社會的寶島──臺灣，有許多男性同胞喜好此道，時下愛吃檳榔的人還不算少，看來蠻荒地區與文明社會之間，兩者在某些生活情況方面，似乎也沒什麼差別可言，其差異不過僅在一念之間而已。

其八、「金三角」地區的各族群或部落，除華人社區外，不建廁所，也沒廁所，當然也不用廁所，因為大小號問題，全都交給大地，回歸自然，不論何時，不問何地，一旦遇有需要，當機立斷，就地解決問題，至於地點選擇，大概不外下列幾處：1、人在居家時，則由二樓向一樓排除，也就是以高空轟炸方式解決，不僅可供狗、豬當作點心，也可做到乾淨俐落效果，凡走過絕不留下任何痕跡。2、人在田園或工地時，可就地解決，一則迅速方便，再則能供作有機肥料，可謂一舉兩得，何樂而不為。3、人在外地工作時，可就近利用森林或江（河、溪）流域，或利用在江（河、溪）流域洗澡機會，就地解決問題，除迅速方便外，也可提供魚蝦當作點心食物來源，所謂「取之於自然，用之於自然」，也算是另類的環保作為吧！

其九、「金三角」地區的各族群或部落，除撣族以外，其餘居住山區部落族群，大都不愛洗澡，當然也沒充裕水源可供居民洗澡，尤以阿卡族部落來說，幾乎一生沒洗過幾次澡，各族群人士將他（她）們形容成一生僅有「出生，結婚，往生」各洗一次澡，雖然有點誇張，但似乎也不為過，所以跟他（她）們不期而遇或暫時性相處，氣味可不怎麼好受。如果真有那麼一天，您有機會跟他（她）們不期而遇或短暫接觸的話，「您丟忍耐啦」！

其十、「金三角」地區居住平原地區各族群或部落，其洗澡地點或方式，習慣上，多以江（河、溪）流域，作為天然浴場，採取完全公開進行式，大家共同洗澡時間，約在下午日落前夕時分，不分男女老幼，全家一起出動，江（河、溪）流域兩岸，處處「萬頭鑽洞」，人潮「車水馬龍」，情況「熱鬧非凡」，男女兩性共處一地，毫無任何禁忌，只要男性以手遮住私處，女性則用裙子遮住三點，等到水深之處，再把裙子纏繞在頭上，即可在江（河、溪）流域之中，盡情享受裸泳，或單純的洗澡，凡到此地的人，心理都要處之泰然，不得有

異樣的眼光，更不能懷有邪念，否則將受到責罵，甚至當場遭到眾人驅逐，以後恐怕無顏再見江東父老，當然也無法繼續留在當地社區或部落過生活。

其十一、「金三角」地區的阿卡族男女老幼全都喜好抽煙，人手一支煙斗，煙斗多以原始竹根加工而成，到處展現出所謂「哪家煙囪不冒煙」的朦朧景象，風氣極為盛行，表示吸煙人口眾多，場面十分壯觀。當然類似偏遠地區將來也可能成為世界各國香菸製造、轉售或推銷業者，最好的貿易市場。

其十二、「金三角」少數地區的氣候非常適合種植罌粟，所以，也是出產鴉片煙毒原料的主要地區，當地居民除撣族之外，其餘各山區部落或族群或多或少必然有人利用此種農產作物來賺點外快，當然也有不少人嘗試吸食，不僅影響個人健康，也使少數人因而走向貧窮潦倒困境。所以，在「金三角」地區，曾經出現一位被世人稱為「鴉片大王坤沙」的靈魂性人物，除封號特別外，名氣也很響亮，不僅成為世人關注之焦點人物，也是人們廣泛討論的話題。

其十三、「金三角」地區的阿卡族群社會，常在村落出入口處，樹立兩性木雕，一左一右，兩性器官特徵也充分顯露無遺，究竟代表何種意義，還沒跟他（她）們討教過，不過根據傳說，作用等於我們華人的門神一般。

其十四、「金三角」地區的阿卡族群社會，每一家戶喜歡養狗，也愛吃狗肉，並以狗肉作為招待賓客的桌上佳餚，常在餐桌上還能看到帶有毛皮的狗掌！其他外族賓客遇上此種情景，簡直退避三舍，食不下嚥，甚至敬而遠之，不敢領教。

其十五、「金三角」地區的各族群民眾，普遍喜愛紋身，尤其撣族人士紋身風氣更甚，其紋身範圍愈大，顯示該男士愈勇敢，沒想到當我回到自由祖國寶島——臺灣之後，國內男性同胞紋身風氣也不落

人後，尤其近年來不論男女兩性，更加興起一股紋身熱潮，不僅成為一種藝術文化，也蔚為一股流行風潮。

　　不過，就以紋身風氣流行角度而言，「金三角」地區各族群或部落終究比我們先進了數十年，甚至有數百年之久也說不定。的確有資格稱得上人類世界「引領風騷」之先驅者。

走過金三角

▶ 愛恨交加作物篇

　　俗諺所謂「好事不出門，壞事傳千里」。「金三角」這一名詞因拜「罌粟」農產作物所賜而威震東南亞、驚動全世界。所謂「罌粟」，實際上就是人們通稱的「鴉片煙」。而「鴉片」之所以被形容成「愛恨交加作物」，只因它除可提供人類醫療用途，發揮治療疾病功能之外，又可供吸毒者吸食，所以也是毒害人類的罪魁禍首。

　　「罌粟」種子，狀似粟粒，僅有小米粒一般大，樹幹高度卻能成長至一至兩公尺之間。主幹直徑約原子筆桿一般大，枝幹數約在一至五枝左右，色澤與芥藍菜很相似。葉狀為橢圓形且呈鋸齒狀，花色有白、紫、紅共三種顏色，開花期間，一眼望去，「罌粟」田猶如一片花海，五顏六色，爭奇鬥豔，讓人目不暇給。花期之後，長成果實，而果實為蒴果，狀似雞蛋，頂端有齒狀帽蓋，狀似我中華民國國徽圖案，乍看之下，又極像似人們的頭上帶了一頂竹編草帽，形狀非常奇特，十分惹人喜愛。果實經過若干時日之後隨即成熟，並可進行成果驗收，也就是展開「罌粟」汁液採收工作。

　　「罌粟」採收作業，過程分為兩個階段進行，第一階段，稱為開刀期，第二階段，稱為採收期。第一階段，所用工具極為簡單，係將三片斜角形刀片（長度約10cm，寬度約1cm）綁紮在一起，即告完成。

　　第一階段開刀作業步驟，以左手拇指握住果實帽頂，食指與中指托住果實連接主幹之下端，右手拇指、食指及中指握住刀組，自果實上端，由上而下，輕劃兩次（但應避免用力過度而劃破果實，將造成乾枯現象，影響再次採收成果），即將出現六道溝渠，白色乳液將自

六條線間湧出，並很快凝固，少有墜落地面情況發生。白色乳液，經過一個晝夜風乾之後，不僅成為液體，而顏色將逐漸變為土黃色，經過兩天風乾日晒，即可進行收回作業。

第二階段採收步驟，其工具則更為簡單，僅使用扁平式彎刀（狀似鐮刀），約人的手掌一般大。收回動作與開刀順序剛好相反，當然也有若干雷同之處：採收者以左手拇指握住帽頂，食指與中指托住果實下端，右手握住扁平式彎刀，由下而上，輕輕地將果實上之汁液括起來，採收作業即告完成，作業甚為簡單。

「罌粟」液體物經過加工煉製過程，即成為鴉片，成為鴉片之後，可提供吸毒者吸食。不過，目前全球各國，不論提供鴉片產品者，或吸食鴉片者，均屬違法行為，縱然在原產地，也不能公然為之，必須得在暗中進行，否則，將會給自己惹來莫大的麻煩與困擾。

吸食鴉片步驟，一般而言，吸食者除利用暗中銷售管道找到所需貨源，再以高價買回未經加工之原生鴉片外，還需準備煙槍一支（直徑約5cm，長度約50cm，狀似長笛一般，材質計有竹、木等兩種，在木器或竹器之上，砍鑲鐵製煙斗），鐵柱一根（狀似挑耳器具一般），透明玻璃罩式油燈一盞，床鋪一張，枕頭一個。然後經由吸食者取如花生一般大的鴉片，放置煙槍濾嘴旁，讓煙嘴在油燈上燃燒，再用鐵杆撥動，使它完全燃燒，在燃燒過程中展開吸食動作，達成吸食目的。

「鴉片」由白色乳液變成黃色固體，黃色固體經過加工提煉程序，即可成為白色粉末，而這種白色粉末，世人通稱之為「嗎啡」，而「嗎啡」這玩意兒可是醫學上不可缺的重要藥物，對於人類之貢獻，的確是「功不可沒」。

「鴉片」不僅是一種毒品，也是一種救命仙丹，所以有人用它來毒害人類，從中謀取暴利，主要因為有人喜歡冒險嘗試，因而容易被

人加以利用。過去在僑居地，曾有吸食者親口告知作者，於吸食之後，將可發揮提神亢奮作用，有心吸食者，一旦有機會接觸，就很容易上隱，一旦染上「鴉片」毒癮，將不容易戒除，最後會讓人走上不歸路。因此「鴉片」煙毒，除可用以治療人類疾病，發揮救人一命功能之外，也將害人匪淺，真可說是一種叫人既愛又恨的農產作物。

「鴉片」產品的販售方式，原則上，就算在原產地，也不可公開為之，只能透過秘密管道進行，否則就屬違法行為，交易活動，一旦被警方或治安當局發現或查獲，同樣違法，將會遭到取締或處罰，甚至被抓起來，送違法者免費吃牢飯，縱然人脈關係廣，申請保釋，也得耗費許多功夫，才能恢復自由。所以，從事暗盤交易行為，雖然獲益較大，有利可圖，可是搞不好就會發生意外，屆時可不是鬧著玩的，不僅「抓雞不著，恐蝕把米」，還會弄得人財兩失，給自己增添無謂麻煩，千萬不可輕易嘗試。

「鴉片」產品，雖有醫療治病功能，不過，如果使用不當，很容易造成毒害人類事件，必須加強管制運用，讓其發揮正確的使用功能。所謂「正當用途」係指鴉片產品經過加工提煉程序，即可變成所謂「嗎啡」，而「嗎啡」除能提供醫療用途，治療人類疾病，對於人類之貢獻，實在功不可沒，但卻被少數不法份子加以不當利用，甚至有少數不法份子，基於有利可圖，經常供人吸食，嚴重危害人類健康，因此，被世人貼上污名化標籤，成為國際社會一致撻伐的農產品，簡直「惡名昭彰」，一無是處。

所謂「良禽擇木而棲，作物擇地而生」。「罌粟」這種作物的種植地點，基本上是很挑剔的，並非任何地區均可播種。例如「罌粟」之種植地點，對於天然環境條件與氣候等方面，受下列四項因素限制，缺一不可，否則無法成功：其一、「罌粟」種植地點，必須選在海拔3,000公尺以上之高山地帶。其二、「罌粟」生長過程，不需大

量水分，僅靠夜間露水滋潤即可存活。其三、「罌粟」作物，自花開之日起，至採收之日止，這段期間絕對不能發生下雨情況，否則所有辛勞，即將付諸流水。其四、「罌粟」作物，所需日光較少，每天日照時間，不可超過半日。所以，「鴉片」農產作物，種植不易，並非垂手可得之物。

走過金三角

第四章

緬甸華僑人心歸向

所謂「華僑為革命之母」。以現階段臺灣情況而言，這句話已經屬於過去式，因為某些政黨目的只在乎於選舉期間，所有愛國僑胞都能專程回國為他的候選人，投下神聖的一票就夠了，其他方面似乎都不是很重要。但旅居在外的華人，如今總計已經超過三千餘萬人，總人數已經超過全球許多小國家之人口數。

旅居緬甸的華人，根據維基百科網路資訊統計數據，目前總人數已經超過百萬人，在緬甸已經不算少數民族，力量不容忽視。又根據作者所瞭解，其中絕大多數認同中華民國，支持臺灣，當然這種複雜情緒與微妙態度，並非三言兩語可以說清楚、講明白，僅就緬甸僑胞人心歸向背景及原因，扼要介紹如後。

旅居在緬甸的華人，其中絕大多數係於自一九四九年以後遷來的新住民，也就是說，在中共統治中國大陸之後，因為不滿共產主義與共產制度，而迫於無奈離開祖國，前來緬甸謀生。這些新來的華人基本上，反共意志堅定，立場鮮明，所以，我政府決策當局應該多花點心思，多用點時間，盡其所能，爭取這股有形力量，成為我政府的外交資源，擴大外交領域，強化外交能量，拓展實質外交。

為了善用這股外交資源，我政府與民間各界，應該給予緬甸僑社多點關懷與鼓勵，凡認同中華民國、支持臺灣者，管他老僑新僑，一視同仁，藉機壯大僑社反共勢力，使其成為我政府推動務實外交的助益。不問他（她）們支持哪一黨，屬於哪一派，政府都該敞開胸懷，伸出熱誠的雙手，誠摯表達歡迎之意，不因政治立場的不同、政黨或派系的差異，而有差別待遇，以免降低緬甸僑胞回國意願，影響僑社支持中華民國的向心力。

目前居住緬甸僑胞人數根據統計資料，截至一九九八年止，約占該國總人口（四千九百餘萬）百分之三左右，總人數約有一百四十餘

萬人。我政府或全國各界，若能主動積極透過各種途徑，建立聯繫管道，加強互動關係，加以整合運用，對我政府推展務實外交工作，將會產生無形的助益，相信對於增進中緬兩國之間的文化交流、經貿實質關係，並可產生有形效果，發揮實質力量。

這股不僅龐大且形式有利我國的外交資源，若能妥善運用政府、民間及僑社力量，必能贏得實質外交戰場的勝利。相信能為我政府推動南向政策，開創另一個新的經貿據點，以擴大市場發展縱深，強化外交活動空間，增進我中華民國在中南半島之影響力。

緬甸這個國家基本上至今仍舊為一塊處女地，除政治外，幾乎沒有任何污染，經濟資源潛力雄厚，貿易商機無限，值得廠商前往開拓與經營，我政府及業者必須主動出擊，努力爭取，避免錯失良機。但願有關主管部門，能夠秉持「有所為，有所不為」的施政原則，善用「有了關係用關係，沒有關係拉關係」的工作要領，擴大務實外交領域，落實全民外交工作。

我異域反共游擊隊殘餘者及後裔，總人數約有萬餘人之眾，目前流落在泰國北部邊陲山區，「嗷嗷待哺」，亟待我政府與全國各界及時伸出援手，給與他（她）們必要的人道關懷以及各種物資的援助。

近年來媒體記者紛紛前往泰北進行實地採訪，發現他（她）們唯一期望是能夠獲得身分與國籍的承認，但是始終無法如願。請求就地落籍，被泰國政府加以拒絕；申請回臺定居，又不得其門而入；回國求學而留下來者，也無法申報戶口、請領國民身分證，以致無法享受國民應有的權益，如升學、就業、就醫等，無法善盡國民服兵役以及納稅義務，只因他（她）們屬於祖國不愛、泰國不要的「邊緣人」，政府主管部門，能給的答案，僅有「沒有法令依據」等幾個字而已。

　　當然我們也知道，政府依法行政是現代民主國家的基本原則，必須堅持立場，不過也該體諒這批異域反共游擊隊或後裔曾經是我中華民國國民，先後為國家效命於疆場，流落在他鄉，如今中華民國政府才是他（她）們唯一的寄望。當他（她）們面臨困難時，政府豈能見死不救，棄他們身陷異域而不顧，任他們流落異鄉而不管。

　　此事如果無限期拖延下去，勢將影響我國政府形象，打擊我國政府威信，進而失去海外僑胞的向心力。所幸根據媒體報導，年前泰國政府終於同意讓他（她）們就地入籍泰國，使他（她）們的身分及居留問題暫時獲得解決，但對於有心回到國內定居或求學者，我國政府也該善盡人道責任，在法令限制許可範圍內，盡量協助他（她）們達成願望。

　　在世界各地的華人社會，或許少數國家仍有排華事件發生，不過，基本上，當一陣狂風暴雨之後，尚能和平共處，維持安定局面。不過，就緬甸而言，類似排華事件，幾乎前所未聞。但緬甸的僑社處境仍舊十分艱難，其原因是緬甸軍事政府立場一向親共，僑社立場卻堅持反共，兩者彼此之間，在信仰上、理念上、意識型態上，永遠處於對立狀態，沒有任何交集的可能，這種對立現象，除非緬甸軍事政府願意還政於民，恢復人民言論與結社自由權利，全面實行民主政治制度，否則可就難了。所以，在短期間內，似乎毫無改善之可能。

　　緬甸是一個典型的社會主義國家，軍事政府向以中共為老大哥，極盡討好之能事，對待反共僑社，態度不可能友善。一旦反共僑社團體或個人遇到困難問題，需要緬甸政府官員協助處理，或因受到親共團體的排擠或打壓，需要緬甸政府公權力介入調解，相關主管部門或官員對於類似案件之處理，態度時常有所偏頗，甚至也會出現差別待遇，經常讓他（她）們投訴無門，相關部門或官員縱然勉強同意受

理，也常虛應故事一番，很難得到滿意解決，導致許多問題，永遠無法獲得肯定答案。

　　緬甸的邊陲地帶由於地處偏遠，交通不便，駐軍後勤補給工作，必須依賴僑社「馬幫」協助運輸。唯因這種苦差事屬於廉價勞務，政府發給補貼經費相當有限，僅有一點馬夫生活及馬匹草料補助費，根本沒人願做，幾乎採強迫式徵調，被徵調者不得加以拒絕，也不能表示異議。否則，不是給抗拒者加個罪名，處以徒刑，或者找個藉口，將抗拒者送回中國大陸，並表示該人是自願回歸祖國，一方面，達到「殺雞儆猴」目的，二方面，也可向老大賣個人情，藉機討好中共一番，是典型的「一石二鳥」之計，招數非常惡毒，僑社各界莫不畏懼三分。凡被點名徵調者，為自己與家人的居留問題，也只有「忍氣吞聲」，不能有絲毫埋怨，更不敢公開反抗，不然麻煩來了，保證吃不完兜著走。

走過金三角

第五章

異域反共游擊隊簡介

所謂「因緣際會，因禍得福」，這句話用來形容作者，最為貼切不過。作者雖在意外中成為臺灣間諜同路人，而走上不歸路，再因加入異域反共游擊隊，而讓我有機會接受各種艱苦的磨練與戰爭的考驗。過去呆在異域，生活雖然過得艱苦一點，但卻使我能成為一個對國家社會有用之人。尤其因為加入異域反共游擊隊，才有機會回歸自由祖國──臺灣寶島，避免再受生活的艱苦、戰爭的考驗、疾病的煎熬。所以，能夠擁有今天自由祖國臺灣「政治民主，經濟自由，生活富足」的甜美果實，享受幸福美好的人生晚年，或許這就是上帝所賜的恩典！

　　一九六〇年代留在異域的反共游擊隊，一般人稱之為「異域孤軍」，或「異域反共救國軍」，或「滇緬邊區反共游擊隊」，其實都不甚正確。實際上，異域反共游擊隊正式番號稱為「雲南人民反共志願軍」，目的在以「人民」兩字作為掩護，避免緬甸政府，或國際社會，甚至中共政權，趁機打擊、施壓、抹黑、醜化我中華民國政府，防止緬甸方面，藉機在聯合國控訴我國，有侵占其領土之藉口，以免損害我自由祖國的形象。

　　我國留在異域的反共游擊隊，究竟有哪些單位？散居在哪些國家或地區？官兵總人數若干？隸屬國軍哪個部門管轄？武器裝備如何獲得？官兵生活如何解決？政府補助預算若干？如何謀求生存發展？作者願意毫不保留地，將事實與真相，全部公諸於世，以供讀者瞭解。接下來就有關全部事實與真相，分別介紹如後，敬請惠予批評、指教！

　　或許有很多讀者要問，我國留在異域的國軍部隊，不是在一九五四年間全數撤回祖國──臺灣了嗎？為何還有部隊留在異域呢？這問題問得好，是的沒錯，我國留在異域的國軍部隊，的確於一九五四年間，在聯合國監督下，全部撤退回國，但不幸當時因為撤

軍時間倉促，少數駐紮在遙遠前線或偏遠地區之若干小部隊，因缺乏通信器材，與後方出現失聯現象，以致情況不明，加上路途遙遠，使少數官兵趕不上撤退班機，在迫於無奈情況下，只好留在原地，自力更生，繼續謀求生存發展。當然，恐也難免會有所謂「將在外，君命有所不受」情事發生，也說不定。不過，後來果然證實，的確有少數部隊仍留在異域。

這些在不得已情況下而留下來的小部隊，為了繼續謀求生存，已經別無選擇，官兵們唯有萬眾一心，團結一致，大家緊密地聚在一起，結成一個堅強的生命共同體，伺機謀求生存，企圖發展壯大，繼續為我中華民國在異域建立反共據點，也為西方民主陣營在中南半島打造另外一扇反共櫥窗。消息不脛而走，引起僑界一致響應，終於再度結合泰、緬兩國青年僑胞，以及大陸逃抵緬甸的難胞與義胞，甚至也有緬甸當地的少數民族，紛紛前來加入，一起躬逢盛會，使部隊陣營逐漸壯大，再度就地稱王，結果惹怒緬甸政府，又一次訴請聯合國對我國實施制裁，向我國下達逐客令，並要求我國定下時間表，限期撤離異域全部反共游擊隊。

異域反共游擊隊官兵為求居留異鄉，必須在患難中謀生存，求困境中發展，結果氣勢一鳴驚人，迅速壯大部隊陣容，成為一股不可忽視的武力，因而對緬甸政府構成極大的威脅，同時引起國際社會，甚至中共的關注。

原因是我異域反共游擊隊，截至一九五九年底止，部隊總員額已經超過萬人，編制單位計有五個軍，另外尚有若干直屬守備區（其中有師級與團級等單位），統一接受反共游擊隊總指揮部指揮官柳將軍的領導指揮。

走過金三角

▶ 游擊隊編制與駐紮地區篇

俗諺所謂「常把一心行正道，自然天地不相虧」。我異域反共游擊隊駐紮在中南半島期間，部隊編制情況，除總指揮部外，共計領導與指揮五個游擊軍，十九個游擊師，兩個獨立團，兩個游擊縱隊，三個游擊支隊等戰鬥單位，總兵力約有萬餘人之眾。部隊駐紮區域，可分為三大板塊，不僅區域遼闊，而且範圍很廣，面積涵蓋緬、泰、寮、越等四國領土，但其中主力部隊仍以緬甸領土為主，其餘少數部隊，則以寮國領土為輔。至於駐紮在緬甸國境內的單位，仍以撣邦行政區域為其主要根據地，其中又以舉世聞名的「金三角」地區（位在中、緬、泰、寮等五國邊界）為其主要據點，其餘也有部分單位駐紮在寮國境內（位在緬、寮兩國邊界，及中、寮、越等三國邊界），另外還有部分單位卻是駐紮在越南國境內（位在中、越、寮等三國邊界）。

我異域反共游擊隊，總指揮部駐紮在緬甸國境之內，基地設在位於湄公河畔之江拉。江拉是一處地形宛如畚箕型的盆地，三面山群環繞，東面缺口處與湄公河接壤，河之對岸即為寮國領土，遙遙相望，彼此若對唱情歌，照樣也能聽到，因為對岸之寮國居民，也以撣族社群居多。

江拉盆地總面積，約有臺灣南投日月潭一般大，居民則清一色為撣族社群，其中絕大多數以務農為主，主要農作物產以水稻（以出產白色糯米稻作為主）為其大宗，其餘也生產各類蔬菜與水果，另外在湄公河上或盆地周邊各主要溪流，也擁有天然豐富的魚蝦資源，誰要有本事，可任意捕撈，保證讓人取之不盡，用之不竭。

盆地內的撣族社會，生活行為完全處於獨立自主狀態，因為生

活管理機能上沒有政府組織，沒有教育機構，沒有工商生產，沒有商業活動，舉凡居民之間的各種民生物資交易，或物品買賣交易等活動，必須依靠每週一次定期「趕集」機會，也是唯一的方式來進行與達成。

本區域內交通運輸工具，僅有騾馬、牛車、獨木舟等原始舟車，居民之間來往或買賣交易活動，除少數人有能力，使用騾馬、牛車或獨木舟作為運輸工具之外，其中絕大多數人得靠個人的十一號人力車。所以，實際上，也算是一個有夠落後的地區，但是就以「金三角」地區而言，相較之下，已經算是很進步的囉！

我異域反共游擊隊總指揮部指揮官為柳元麟中將，柳將軍出身黃埔軍校，祖籍浙江人氏，早期曾經擔任過李彌將軍之副總指揮官。總指揮官之下，計有五位副總指揮官，輔佐總指揮官執行領導指揮事項，其中兩位為中將軍階，他們分別由段希文將軍、王紹才將軍出任，另外三位則為少將軍階，他們分別由彭程將軍、呂文英將軍、曾正元將軍出任；參謀長為少將軍階，由何榮先少將出任；政戰部主任為少將軍階，是由副總指揮官曾正元少將兼任。

我異域反共游擊隊部隊總兵力僅有萬餘人之多，但守備區域面積廣闊，幾乎有兩個臺灣本島一般大，單位守備責任非常艱鉅，兵力僅能維持點與線之連接，至於面的部分，只有依靠上帝幫忙。所以，不論軍與軍，師與師，團與團，營與營，單位之間，距離十分遙遠，一旦發生戰爭，各單位必須以自力更生方式，單獨完成抗敵與退敵任務，不能期待上級或友軍單位，前來支援或營救，因為「遠水救不了近火，遠親救不了急難」。

異域反共游擊隊員不論單位或個人，每一官兵須有「自力救濟，孤軍作戰」的心理準備，否則，是很難在那裡立足生存的，也無法適應那裡的生活。以下僅就我異域反共游擊隊，各部隊駐紮區

域，概略地理位置，以及各單位實際駐紮據點，分別介紹如後，以供讀者參考。

總指揮部本部設在緬甸與寮國間、湄公河畔之江拉，組織編制與國內同等級軍事指揮單位，情形大同小異，並無任何差別之處。在名義上，雖屬反共游擊隊，但基本上，依然是一個組織嚴密、結構健全、分層負責、逐級授權的軍事指揮體制，至於各級指參部門之組織編制，職務區分，實際運作情形，分別介紹如下。

行政支援業務方面：編制上，有營務部門，主管事項為負責一般行政支援任務與內部管理業務。

財務運用方面：編制上，有財務部門，主管事項為負責財務收入與支出管理業務，屬於獨立單位，直接受總指揮官之指揮與監督，不受其他單位牽制或干擾。

軍事指參業務方面：編制上，計有四大部門，第一處：主管部隊人事任免業務。第二處：主管部隊情報蒐集運用業務。第三處：主管部隊訓練以及指揮作戰業務。第四處：主管部隊後勤支援補給業務。

政戰工作業務方面：編制上，計有五大部門，政一部門：主管部隊政戰人事任免業務。政二部門：主管部隊政戰幹部之教育訓練業務。政三部門：主管部隊之監察業務。政四部門：主管部隊之保密防諜業務。政五部門：主管部隊民運工作業務。政治工作隊：主管游擊部隊文化宣傳工作，以及執行電影巡迴放影任務。

後勤支援方面：編制上，計有四個部門，通信隊：主管部隊有線電、無線電、人力傳遞等通信聯絡任務。砲兵隊：主管總指揮部四周防空任務以及擔任支援前線作戰火力任務。爆破隊：擔任部隊專業人才培養、訓練、運用，總指揮部區域安全防護，以及支援前線部隊作戰等任務。驛馬隊：平時擔任各級長官與來賓之接送工作、戰時負責部隊後勤補給運輸任務，支援前線作戰。

　　衛戍部隊：負責總指揮部區域守備任務，擔任各級長官四周安全警衛任務，以及基地安全維護任務。其中獨立第四團部分，負責基地外圍之守備任務；獨立第九團部分，負責基地內部安全警衛，與各級長官安全保護任務。

　　幹部訓練團：負責四項教育訓練任務：一、全軍所需基層幹部之培養教育與訓練任務；二、在職校尉級軍官定期進修教育訓練任務；三、各級部隊所需專業士官兵之教育訓練任務；四、各部隊定期輪流進入基地訓練等任務。

　　至於各軍級單位、師級單位等，各級戰鬥單位，部隊駐紮地區概況，分別介紹如下。

　　猛八寮守備區：主力部隊分別駐紮在江拉之最前線，自南端至猛八寮沿線地區，主要負責總指揮部前方之防守任務，確保後方基地之安全，使指揮作業能夠維持正常運作，不受敵軍之任何干擾或威脅。守備區司令官為胡開業少將，統一領導指揮，所屬三個師之游擊部隊。第九師：師長為梁震行上校（每師下轄兩個團的游擊部隊）。第十師：師長由司令官胡開業少將兼任。第十一師：師長為李黎明上校。另因責任區域，劃分為南門與北門守備區，其中南門守備區指揮官，由守備區司令官胡開業將軍兼任，北門守備區指揮官，則由第十一師師長李黎明上校兼任，使南北兩面防區守備任務，得以全面兼顧。

　　第一軍：主力部隊駐紮在寮國與越南兩國邊界，三島地區一帶，軍長為吳運褆少將，統一領導指揮，本軍所屬二個師之游擊部隊。第二師：師長為蒙寶業上校。第三師：師長為曾宣武上校。

　　第二軍：主力部隊駐紮在緬甸與寮國邊界地區，猛勇壩一帶，軍長為吳祖伯少將，統一領導指揮，本軍所屬二個師之游擊部隊。第七師：師長為枊向春上校。第八師：師長為趙丕承上校。

　　第三軍：主力部隊駐紮在緬甸與泰國邊境一帶，自猛連至賴東沿線地區，軍長為李文煥少將，統一領導指揮，本軍所屬三個師之游擊部隊。第十二師：師長為景壽碩上校。第十三師：師長為魯朝廷上校。第十四師：師長為劉紹湯上校（不幸於一九五〇年間，在對抗中緬聯軍戰役中，慷慨為國捐軀），由楊紹甲上校，繼任師長職務。

　　第四軍：主力部隊駐紮在滇緬邊界地區，於猛央壩一帶，軍長為張為臣少將，統一領導指揮，本軍所屬兩個師之游擊部隊。第五師：師長為李泰上校。第六師：師長為黃奇連上校。

　　第五軍：主力部隊駐紮在滇緬邊境一帶，自猛棒至猛茅沿線地區，算是防區最廣、距離最長的一個軍，軍長由副總指揮官段希文中將兼任，統一領導指揮，本軍所屬六個師游擊部隊，以及一個獨立游擊縱隊。第十五師：師長為馬雲奄上校。第十六師：師長為王衛天上校。第十七師：師長為朱鴻元上校。第十八師：師長為張鵬高上校。第十九師：師長為楊一波上校。第二十師：師長為楊文光上校。滄緬縱隊：縱隊長為彭威濂上校。

　　西盟軍區：主力部隊駐紮在滇緬邊界地區，於緬甸國境內之密支那一帶，軍區司令官為馬國俊少將，統一領導指揮，本軍區所屬兩個縱隊，以及三個支隊之游擊部隊。第十縱隊：縱隊長為蘇文龍上校。怒江縱隊：縱隊長為徐劍光上校。南洋支隊：支隊長為岩坎上校。紹興支隊：支隊長為趙呆上校。中卡支隊：支隊長為邱宏寨上校。

　　不過，實際上，我異域游擊隊的單位編制架構，在師級以下單位，全部屬於「二二編制」，所謂「二二編制」，代表每個師之下僅有兩個團，每個團之下，僅有兩個營，每個營之下，僅有兩個連，每個連之下，僅有兩個排，每排之下，僅有兩個班。所以稱為「二二編制」，與國軍制式編組結構，有很大之差異。

游擊健兒生活情況篇

　　俗諺所謂「吃得苦中苦，方為人上人」。我異域反共游擊隊官兵們的生活情況，基本上，不僅生活資源非常的缺乏，而且生活品質也相當的落後。原因是生活在異域的游擊健兒，除沒薪餉可領之外，就連「食、衣、住、行、育、樂」等六大民生需要，也僅能維持起碼的溫飽，那來好的生活享受？若以現代化社會的生活條件相比，沒有一項能夠符合標準要求；不過就游擊健兒來說，日子還算能過得去，至少起碼的溫飽問題，勉強可以維持下去。當然，在異域每位游擊健兒，不是為了生活享受而來，縱然在物資生活方面感到十分貧乏，但在精神層面上卻是非常豐富與充實的，只因大夥從軍的目的，志在報效國家，心中最急切的盼望，能夠早日完成反攻復國的神聖任務，重回故鄉與家人團聚，享受天倫之樂，哪怕生活困苦一點，也算不了什麼。以下僅就游擊健兒們在異域的生活概況，分別介紹如後。

　　飲食方面：所謂「入國問俗，入境隨俗」。基本上，為適應撣邦社會的飲食生活習慣與步調，我異域游擊隊每天正式用餐次數僅有兩餐，也就是上下午各一次，其用餐時間，上午八時，下午五時，中午除身軀需要休息之外，胃哥哥當然也要有休息機會，或許這是緬甸人維持健康、保持窈窕身材的基本原因所在。因為在緬甸的街頭巷尾，想要見到一位胖哥胖妹，可不是件容易的事。

　　我異域游擊隊健兒，每日兩餐所吃的食物種類，其中「主食」部分，僅有一種選擇，也是唯一僅有的一種食物，我們華人稱之為「糯米飯」，因為生活在緬甸的撣邦轄區，尤其「金三角」地區一帶，所產的稻作僅有「糯米」品種，根本不產所謂「在來米」或「蓬萊

米」，縱然有其產量也相當有限，至於山區所產的稻米，則以紅色糙米為主，但產量極少，您不愛吃，或不想吃，甚至不喜歡吃，恐怕也不行，因為別無選擇。

「金三角」地區，所謂「開門七件事：如油、鹽、柴、米、醬、醋、茶」等民生七大需要，其中除「食鹽」一項，必須仰賴外來之外，其餘均可自給自足，所以，當地居民的民生需要基本上是不成問題的。但是我異域游擊隊，在飲食生活方面，或多或少難免會遇到若干問題，除須受到食用糯米限制之外，另外尚有三大因素，必須列入考量，其一、買菜預算受到限制，在人多錢少情況下，根本無法吃到所謂「大魚大肉」之類豐富美食，部隊指揮官的能力僅能提供官兵「粗茶淡飯」而已，當然能有這樣的待遇，官兵已經心滿意足，算是已經夠幸運的囉，不敢再有其他要求。其二、掌廚炊事人選受到限制，原因是部隊炊事工作，非常之繁雜而辛苦，一般年輕戰士「拒之唯恐不及」，心甘情願擔任者「杳杳無幾」，所以炊事工作，人選大多由年紀稍為大一點，或對出操上課缺乏興趣者，或對於操練動作反應較為遲緩者，或根本目不識丁者，濫竽充數，既沒炊事經驗，也不諳烹飪技巧，更不知何謂「色香味俱全」的大道理，每餐能將菜飯煮熟，讓官兵有飯可吃並能填飽肚子，已經就不錯了，哪裡還講究美味可口？其三、菜源供應受到限制，在「金三角」地區，既沒超級市場，也沒大賣場，除幾個縣城尚有傳統式的菜市場外，在絕大多數地區或鄉間，仍舊維持「趕集」方式，來從事貨物交易活動。

我異域游擊隊，大多駐紮在偏遠地區，有關副食品之採購作業，全都需要配合當地居民「趕集」機會，才能採購到所需各類副食品，但在既無電、無冰箱，也沒冷藏庫冷凍設施情況下，每週僅有一次「趕集」機會，負責擔任採買者，必須把握機會，購足本單位官兵一

星期所需各類蔬菜，不僅很不容易，而且很不簡單，所以，不要說沒菜錢，縱然有錢也無法買到，或吃到所需新鮮美味的副食品物資。

以主食品而言，在異域因食米僅有「糯米」一種，而我異域反共游擊隊的炊事兵，對於「糯米」的烹煮方法，似乎只知用「煮」的方式炊飯，卻不懂用「蒸」的方式炊飯，以致每日兩餐所煮的飯經常黏成一團，讓官兵們好像在吃年糕似的，而不是在吃飯，於是「糯米飯」吃久了，讓許多官兵難以消受，甚至有少數人因此而患了腸胃病，結果導致部分官兵，身體狀況都不怎麼好，難免影響部隊的士氣與總體戰力。

以副食品而言，我異域反共游擊隊，官兵們淪落在異鄉，能吃到的副食品僅有蔬菜類與肉類兩項，用餐時每桌八人，僅有三菜一湯，且以素菜較多，其肉類雖有魚肉、雞肉、豬肉、牛肉，但每天僅能吃到一種，且每人每天所吃的肉品重量，僅有一兩而已，想多吃一點也沒辦法，因為炊事兵在切肉時，即做好妥善分配工作，至於肉質之好壞與大小，完全要靠個人的運氣，眼明手快者，會搶到最好的，動作慢且又愛面子者，或時常自我克制之輩，根本沒有選擇機會，只能撿到剩下來最差的部分。至於蔬菜類，有長在樹上及地上的瓜類、生長在樹上及地面上的葉菜類及菜豆類，其中大黃瓜成為我們日常的主菜，幾乎每餐都有，吃法有醃來吃、涼拌吃、煮湯吃、炒來吃，甜中帶點酸味，其果實與顏色像似臺灣所產的哈密瓜。但不論生長在地下的如瓜類或豆類，幾乎全由官兵自己親手栽種而獲得，不需花費預算購買。另外還有取自深山裡的各種野菜類，還有靠戰士們自己釣到，或捕到的魚蝦類，或野味等，需要靠點智慧與運氣，才能獲得。

總之，我異域反共游擊隊的飲食水準，非常原始而落伍，生活條件十分簡單樸素，每日所吃食物僅能讓戰士們填飽肚子而已，大

家幾乎從未看過「山珍海味」之類的美食，也少有機會吃到什麼「大魚大肉」，每天兩餐僅有「粗茶淡飯」罷了，其生活之艱苦程度，可想而知。

衣著方面：在「金三角」地區，時至今日仍然缺乏現代化的紡織機具與設備，而當地居民全身上下所穿的衣服，以及所配戴的用品或飾品，幾乎全都以自給自足方式獲得，諸如從播種木棉到採收棉花，進行紡紗織布、展開剪裁縫製等過程，全靠各族群或部落婦女們自己親手完成，確實有夠偉大了吧！因此，「金三角」地區居民，並無多餘能力提供我異域反共游擊隊所需服裝。以致各部隊官兵服裝，必須完全仰賴外地或外國進口，才能解決官兵穿的問題。

除特殊身分或情況外，我異域反共游擊隊官兵日常不論在駐地營區或離營外出，原則上，必須穿著制式軍服，雖然布料及染整品質，都無法趕不上國內水準，但基本上，每位戰士每一年度，還是可以領到軍服一套（含長袖上衣一件，長褲一條，軍帽一頂，橡膠鞋一雙），至於內衣、內褲、襪子、腰帶等項配件，得由官兵自行設法解決。

我異域反共游擊隊所穿的軍服款式，與國軍陸軍野戰部隊制式服裝，大同小異，所用布料屬於純棉質料，由總指揮部後勤部門根據所屬部隊官兵人數，定期委託泰國僑社所屬廠商，代為縫製、驗收、包裝，然後再運送到「金三角」地區指定地點，交由游擊隊各軍級、師級、團級單位點收之後，分發各下級單位，轉發所屬官兵使用，過程非常繁瑣而複雜，確實得來不易。

我異域反共游擊隊官兵所穿軍服，因製造及染整技術水準較差，新的軍服原本為草綠色系列，唯官兵穿著若干時間之後，經過風吹、日晒、雨淋及清洗結果，將漸進變成黃卡其系列，另因質料品質不夠堅實，一旦遇到少數過動兒，或平日生活比較粗枝大葉一點的戰士，

軍服穿著時間不滿一年，可能因磨損而宣告報銷。接下來得靠戰士自己動手縫補，以便延長穿著時限，否則，要度過一年漫長的歲月可是很不容易，因為想要換發新的軍服，必須等到下年度，在此期間縱有破損情況，也得靠游擊健兒自己動手加以縫補之後，繼續使用。不過，縱然面臨這樣惡劣的環境，總比當時中共喊出所謂：「新三年，舊三年，補補縫縫再三年」口號，還要強上許多倍。

官兵雖然穿著統一規格制式軍服，與正式軍人相比，卻毫無差異之處，原因是每位官兵全身上下，並無任何明顯標示，可供外人識別與區分，戰士們軍帽上並無國徽，軍服上也沒有任何領章或肩章，唯有從所使用武器種類或裝備款式，或使用方言與口音，或使用術語與口令等，來加以辨識區分敵我身分，否則，有時也會發生敵我難分的情況。

總之，我異域反共游擊隊由於生活在異國，與祖國相距甚遠，因此，戰士們所穿的軍服，品質雖嫌差了一些，每年配發數量也略嫌少了一點，不過，總指揮官終究還是得克服萬難，設法解決問題，讓每位官兵有制式軍服可穿。所以，光由外表來看，他們跟國軍正規部隊，幾乎沒有任何差別。事實上，他們只是生活在異域的游擊隊員，無法獲得祖國政府的呵護、領袖的關懷、同胞的支持，而且沒有能力發給任何待遇，生活過得十分艱苦與落後，武器裝備普遍缺乏，但官兵們在精神層面上卻是相當豐富與充實的。因為異域反共游擊隊員，個個滿腔熱血，人人不畏生死，唯有忠誠為國家犧牲奉獻，為民族盡心盡力，為部隊貢獻一切，沒有任何奢求，從無任何怨言。

居住方面：在「金三角」地區，除縣城之外，所有鄉間部落，幾乎仍舊處於茅草屋時代，而茅草屋建造工作，全由當地居民共同協力完成，可謂「屋美價廉」。當然，我異域反共游擊隊的官兵駐紮營區房舍，得靠自己的雙手來建造完成，從不依靠或假手他人協助。

建造營區房舍所需建築材料，全都就地取材，取自原始山林之中，使用建材種類，不外有木材、竹材、茅草、藤類、稻草等五種天然植物，其中木材供作大樑及支柱等用途；竹材供作茅草片支撐竿、圍籬、桌椅、床鋪及大門等用途；茅草供作搭蓋屋頂使用；藤類提供作為捆、紮、綁建材等用途；稻草提供作為床墊用途。

我異域反共游擊隊所需營舍建造，全靠官兵共同的智慧與勞力，從不花費上級一分一毫預算。至於營區建築物種類，包括各單位官兵寢室、參謀辦公室、部隊教室、廚房、餐廳、禮堂、廁所、崗亭、豬舍、雞舍等，可謂一應俱全，應有盡有，完全按照典章制度與軍事計畫操作，絕不馬虎了事。

交通方面：在撣邦行政區域內，總的來說，其中影響經濟發展最大的阻力，不是別的，正是交通問題，因為「金三角」地區的交通建設依然相當落後。其原因是撣邦地理位置，全都位在內陸地帶，多屬叢山峻林，交通動線開發建設本來就不易，加上軍事政府屬行鎖國政策，導致國家財政困難，使各項交通建設計畫無法如期獲得推動，以致嚴重影響交通運輸，使經濟發展腳步始終裹足不前，在既無水上運輸設施，也無鐵路運輸設施，更無機場運輸設施情況下，僅靠少數幾條公路動線通往各縣城之間，以利緬軍補給運輸或軍隊調動任務需要。

至於鄉間交通建設幾乎等於零，毫無任何交通建設方案之推出，所以在「金三角」地區的物資交流與貨物運輸等，僅能靠原始獨木舟、牛車、馬幫等交通工具來完成。至於人們的交通工具問題，不論當地居民或我異域反共游擊隊來往各地之間，其交通工具全靠人們的雙腳，來解決「行」的問題。所以，生活在撣邦行政區域，尤其是「金三角」一帶，不論男女老幼，均不需花費任何瘦身或減肥預算，就能維持窈窕身材，好不令生活在現代文明社會的人，感到非常之羨

慕！經過以上介紹，也使人重新瞭解到，每天花點時間從事「走路」運動，就是最好的瘦身方法。

　　教育方面：生活在「金三角」地區，不僅交通建設十分落後，就連國民義務教育工作也是非常的落後，除縣城之內設有公私立學校外，在絕大多數鄉間或部落地區幾乎沒有任何公立學校之設立，學齡兒童根本無法享受國家所提供的國民基礎教育權利。

　　有關官兵的教育訓練工作，我異域反共游擊隊可透過幹部教育班隊或新兵訓練中心，分批定期完成，讓官兵瞭解為何而戰，為誰而戰等道理，以強化官兵精神教育，鞏固部隊心防，鼓舞部隊士氣，凝聚部隊團結合作基礎。可是部隊並無禁止官兵與當地異族女性通婚限制，一旦發生結婚案例，必然生兒育女，而這些新生兒的教育工作，可就面臨很大的問題。華夷通婚之後，下一代的教育工作，幾乎完全落空，而這一代的教育重責大任，全靠部隊或官兵，自己一肩扛起來。但其中所面臨的困難在於相關教材獲得、師資來源問題，因此，我異域反共游擊隊，下一代的教育工作將是他們所面臨的最大考驗與挑戰。

　　娛樂方面：「金三角」地區，除非在幾個縣城，若在鄉下或部落之間根本沒有任何娛樂可言，所以，當地居民的娛樂活動，不外如新年、廟會、潑水節等活動而已，其他各類娛樂活動，不僅當地居民沒有自己的創作能力，就連外來的娛樂活動也少得可憐。

　　我異域反共游擊隊，每有年節等慶典，必然舉辦一連串的藝文活動，藉機介紹中國傳統文化，其項目有舞龍、舞獅、踩高蹺、舞旱船、打陀螺，或樂器演奏等，也不定期舉辦電影欣賞會，放映自由祖國所製、具有教育性與娛樂性影片，免費提供當地居民觀賞，讓當地民眾有機會進一步瞭解中華民國復興基地進步與壯大實況，以爭取民眾向心，繼續支持我異域反共游擊隊在「金三角」地區的生存與發展。

走過金三角

我異域反共游擊隊的官兵組成份子，雖以漢民族為主，但因部分官兵能講撣族語言，軍民之間溝通不會成為問題，彼此相處交往非常融洽，比較沒有隔閡，所以，游擊健兒與在地美女之間時傳通婚佳音。

其中有少數官兵在離開大陸時，身邊多少帶了點黃金或銀圓，部隊久駐一個地區，不免有機會遇到心儀的撣族美女，雙方經過交往之後，一旦彼此情投意合，女方家長也沒有反對情況下，即可以身相許，最後經過軍方查證程序，證明女方確實出於自願者，在不影響部隊作戰任務前提下，大多數長官將會批准結婚申請案。

我異域游擊隊駐紮在「金三角」地區期間，先後不知編寫了多少美麗的故事，因而促成數百對中緬之間的姻緣，年長一輩的讀者或許還有印象，在一九五〇年代，自由祖國影劇界曾經演出過一部電影，片名為《水擺夷之戀》，其劇本背景係根據我異域游擊隊員與「金三角」地區撣族女性通婚案例所編寫而成的愛情故事。

我異域反共游擊隊駐紮地區範圍，原則上選擇撣族居住地區為主，原因是在此區域內，農作物、畜牧業或水產業等，比較充沛，人民生活相對也比較富足，我軍補給取得容易，官兵民生基本需求不致成為問題，另在此地區內，撣族家庭大多擁有牛車可用，於戰時如有必要，可以徵調擔任我軍後勤補給運輸任務，支援前線軍事作戰。

我異域反共游擊隊能夠長期駐在「金三角」地區，進而成長茁壯，乃因部分戰士來自當地少數族裔，不論語言或生活習慣，均與當地居民接近，彼此絲毫沒有距離感，軍民之間已建立良好的互動關係，彼此相處融洽，所以，能夠相安無事，和平相處。

此外，在當地居民全力支持，並提供我軍必要的協助下，我軍毫無後顧之憂，可專心致力於部隊教育訓練，培養團隊精神，鼓舞官兵士氣，提高部隊戰力，才能一致對外，由此證明當地居民對我異域游擊隊之貢獻，實在功不可沒，值得加以肯定。

　　我異域反共游擊隊盤據「金三角」地區範圍內，居民之中有十餘
族群之多，唯因限於篇幅及時間，無法逐一向讀者提出介紹，所以介
紹內容，僅選擇其中多數、主流族群之撣族作為代表，因為，在「金
三角」地區，就族群人口數而分，其中人數最多、族群最大非撣族莫
屬。若以歷史淵源、文化背景、生活水準等進步情況而言，也以撣族
最能具有代表性，而撣族能夠成為「金三角」地區之代表性族群，確
實符合事實要求，也可以算得上「實至名歸」，當之無愧。但願讀者
能夠見諒。

走過金三角

▶ 為八二三砲戰進軍大陸篇

　　《史記》所謂「運籌帷幄之中，決勝千里之外」。說明決策、計畫與準備之重要性。也就說只要決策正確，計畫完善，準備周全，照樣也能取勝於千里之外。中共政權為了消弭內部權力鬥爭，試圖轉移大陸人民視線，藉機對我復興基地，展開所謂「血洗臺灣」計畫，終於在一九五八年八月二十三日，突然向我金門前線，展開砲擊行動（又稱為「金門砲戰」或「八二三戰役」）。在此情況危急之際，先總統蔣公發出緊急命令，要求我異域反共游擊隊立即向中國大陸雲南省境內採取反攻突擊行動，策應「金門砲戰」，藉機擾亂中共西南側翼，分散共軍注意力，扭轉臺海不利形勢。

　　我異域反共游擊隊總指揮官接獲先總統蔣公緊急命令之後，隨即指示有關作戰部門，擬定我游擊隊突擊大陸作戰計畫，即所謂「安西計畫」，並致電各級部隊指揮官，迅速調整部隊部署，各單位必須抽調半數兵力，參與突擊大陸作戰行動，並隨時做好出發準備，其餘半數兵力，留在原基地擔任防衛任務，確保後方安全。

　　所謂「養兵千日，用在一朝」。我異域游擊隊執行安西計畫，總計動員官兵約有數千之眾，聲勢浩大，來頭不小。有幸參與突擊大陸作戰行動之游擊健兒，因為離鄉背井多年，在不得已情況下，流落到異域棲身，以致有家歸不得。如今總算等到反攻大陸這一天，機會千載難逢，每一位官兵皆興高采烈，欣喜若狂，終於實現光復大陸國土、拯救苦難同胞的願望，只有一舉消滅中共，才能回鄉與家人團聚，於是全體官兵軍心振奮，士氣如虹，決心以「視死如歸」的精神，勇敢走向前線，站在革命最需要的地方，準備報效國家，迎接最後勝利之來臨。

　　我異域反共游擊隊執行是項突擊大陸作戰行動，戰術原則為兵分三路，統一時間，對雲南省景洪縣各共軍據點，發動閃電突擊作戰行動，由於我軍效法《孫子兵法》所謂「出其不意，攻其不備」策略，從緬甸所屬「金三角」地區，以秘密滲透方式，瞬間攻入雲南省景洪縣等地區，共軍在毫無防備情況下，竟然措手不及，只有倉皇間應戰，於是無法阻擋我軍閃電攻勢，結果我軍獲得空前勝利，一舉攻占南橋與佛海等重要城鎮，及時發揮牽制共軍西側作用，也對臺海局勢產生小螺絲釘的功能，讓我游擊健兒感到無上的光榮。

　　我軍執行是項突擊大陸作戰計畫，由於計畫周詳，準備充分，官兵訓練有素，並由總指揮官親自領軍，加上我軍用兵神速，於是獲得的戰果十分輝煌而驚人，共計接收共軍大批武器裝備，俘虜共軍官兵數十人之多，其中有部分被我軍俘虜之新生戰士，後來也隨軍撤回自由祖國──臺灣，現仍在國內定居。

　　所謂「安危他日終須戰，甘苦來時要共嘗」，充分說明「上下一心，精誠團結，和衷共濟，榮辱一體」之重要性。不論對於國家、社會、團體、人群，乃至家庭，均能適用。我異域游擊健兒，雖與祖國相距千里之遙遠，但卻心繫祖國之安危。不過，當時作者僅奉命負責擔任基地防衛任務，失去參與突擊大陸的機會，難免感到有些遺憾。

　　經過以上介紹，也讓國內讀者瞭解，當年金門前線爆發八二三砲戰期間，我異域反共游擊健兒雖然身在他鄉，但在國家面臨危急存亡之秋，我等全體官兵曾為自由祖國，善盡一分微薄力量。當然在整個事件中，我異域游擊健兒唯一能夠做的只是一件微不足道的芝麻小事，不足以掛齒，更不敢居功厥偉，目的只想藉機讓讀者了解，當年曾經有過這麼回事，也發生過這麼一段小插曲。

走過金三角

第六章

投筆從戎經過

走過金三角

所謂「海內存知己，天涯若比鄰」。作者平日在為長輩們奉茶、遞煙機會中，常跟他們一起，收聽「美國之音」新聞報導節目，除感到莫名的興奮外，也可趁機瞭解世界局勢的變化與發展，進而激發報國熱誠，終於決定加入異域反共游擊隊陣營，走上從軍之路。

緬甸的撣邦行政區域內，其中平原地區或交通較為方便地帶，在一九六〇年代初期，即開始提供現代化的電力能源，唯作者因住在海拔較高的山區，仍然無法享受這項劃時代所帶來的好處，家中僅有的一臺英製真空管式收音機，僅靠乾電池供應電力，才能使其發聲。

長輩們平日念念不忘國家大事，經常三五好友聚在一起，大夥圍在火爐四周，每人手裡拿著水煙壺，口中喝著苦茶，一邊閒聊相關生意買賣話題，一邊收聽「美國之音」有關世局新聞的報導，及時瞭解世界局勢變化與發展情況。其中數則讓我記憶深刻之新聞如：一九五三年二月，美國發表解除臺灣中立化。一九五三年三月，緬甸向聯合國控訴我二十六軍侵略，並有占據領土事實。一九五四年一月，參與抗美援朝的一萬四千餘位反共義士回到祖國——臺灣。一九五五年三月，中美協防條約生效，美國務卿杜勒斯訪華。一九五六年四月，臺灣開始實施都市平均地權政策。一九五七年五月，劉自然事件臺北美國大使館被搗毀等，雖然我們置身在天涯，但消息來源卻猶如比鄰一般。

由於盧房位居高山地區，收聽「美國之音」，狀況並不怎麼良好，而且經常出現斷斷續續現象，收聽效果打折扣，但大夥們還是聽得「津津有味，樂此不疲」。因每一位流落在外的異鄉客，都很關心國民政府在臺灣整軍經武的現況，以及異域反共游擊隊的生存發展情形，想藉由「美國之音」新聞報導機會，獲得一點訊息，哪怕是一句半句，也能讓大夥的心中，有那麼一絲的希望與安慰。

　　我從初中開始即加入他們的聚會行列，一則為大人們添茶水、遞煙壺、送點心；再則傾聽他們議論國事，分析世局，可算是個「美國之音」新聞節目的忠實聽眾，因此逐漸開始對「美國之音」新聞節目產生無比好感，也因經由「美國之音」新聞報導，瞭解國民政府在臺灣以及異域反共游擊隊的生存發展現況，希望有朝一日，自己也能參與盛會，一圓從軍報國之夢。

　　作者僑居地的小鎮——盧房，不僅出產黃金，也是緬甸的重要軍事據點，平時約有一個加強連的緬軍，駐守在此。也因這一緣故，早與緬軍有過密切交往經驗，也非常羨慕軍人威武的一面，更嚮往軍人的生活，所以，心中時常懷著滿腔熱血，深以從軍為樂，更以報國為榮，尋找適當機會，加入異域反共游擊隊，達成從軍報國願望。

　　所謂「有志者，事竟成」，我等一行共計七人，共計使用月餘時間，歷盡千辛萬苦，終於在一九五八年秋天，輾轉到了「金三角」，進入異域反共游擊隊所控制的地區。在此區域之內，舉凡重要軍事據點，或人口較為集中地區，均可看到游擊基地與游擊健兒的影子，在據點或部落周邊地帶分別建立游擊隊的防禦工事或前衛哨所，基地內最耀眼的莫過於飄揚在旗竿上的那一面中華民國青天白日滿地紅國旗，這可是我等難兄難弟們自從來到緬甸至今，第一次能夠見到祖國的國旗，瞬間讓我們猶如置身在祖國一般，大夥頓時情緒沸騰，紛紛感動得流下熱淚，讓人無比的興奮！

　　這些反共基地的建立，不僅是我中華民國設在異域的重要根據地，也是西方民主陣營遏止共產主義擴張的前哨站，角色重要，任務艱鉅。

走過金三角

▶ 駐廟堂上的游擊隊篇

俗諺所謂「人在廟中坐，酒肉穿腸過」。我等一行七人，除正港的臺灣間諜中途即因另有任務而離隊他去外，其餘的六壯士，均於一九五八年秋天，聯袂加入異域反共游擊隊，正式成為英勇果敢的游擊隊員，順利達到從軍願望，實現報國理想。大家終於能夠齊聲高唱：「槍在我們的肩上，血在我們的胸膛，我們來捍衛祖國，我們齊赴沙場……」，每個人都顯得精神抖擻、鬥志高昂、士氣旺盛，為了反攻復國，可謂義無反顧！

我等進入游擊部隊初期，單位番號稱為「怒江縱隊」，所謂「怒江縱隊」，實際上是一個臨時組合而成之單位，常在怒江沿線地區活動，從事新兵招募工作，為異域反共游擊隊提供所需兵源，以充實部隊人力，維持部隊實力，使游擊隊能夠得以生存，繼續發展壯大。

怒江縱隊，顧名思義是一支飄浮不定，遊走四方臨時組合而成之單位，並未分派固定的防守責任區域，直到我等加入之後，才依照上級命令，臨時駐紮在隸屬第五軍之第十五師防區內，暫時負責該師防區南面守備任務，也就是蠻講地區之前哨站。

所謂「以廟為家，以佛為伍」。部隊進駐防區之初，並無固定基地營舍可用，致數十位官兵，只好臨時暫借村落南面小山丘上之「寺廟」，但原則上，寺廟住持與我軍約法三章，舉凡廟方在日間舉辦各類祭典或膜拜活動，官兵必須全部撤離現場，移往它處停留，避免影響信眾祭典或膜拜活動，至於夜間駐紮或留宿，則絲毫沒有任何限制。

我部所借駐的寺廟總面積約有兩個籃球場一般大，足以容納我部

官兵臨時駐紮，經雙方協商結果，寺方雖同意借給我軍暫時使用，但基本上，借用時間至我軍新建營房完成進駐之日止，就這樣，總算圓滿解決部隊住的問題。

蠻講——是一個典型的小型部落，全村約有數十餘戶人家，除少數擺族之外，絕大多數為拉家族，是我國雲南省境內少數民族——佤族之近親，其語言則與佤族大同小異。村民都以務農為主，雖然生活還算過得去，但卻無力提供（原則上，食米售價得依我軍規定價格計算）我軍所需糧食。因為該地屬丘陵地帶，水稻產量相當有限，所以沒有多餘糧食可供我軍官兵使用。

蠻講地區周邊路況，僅可提供牛車通行，但居民的交通工具，其中絕大多數依然得靠個人的雙腳，所以，還算得上是一個典型的原始部落，居民生活非常純樸。

蠻講地區游擊基地的設立，是第十五師基於敵情需要而新增的前哨站，目的在強化南線防務。我部進駐之後，基地建築問題必須從無到有，舉凡基地營舍興建工程，全都得靠官兵用自己的雙手來完成任務，共同解決問題。

為了解決官兵住的問題，部隊長特地要求相關幹部，儘早提出營房興建計畫，充分做好各項準備工作，迅速完成基地興建工程。至於單位責任分工，必須積極進行，基地工程進度，必須嚴加控制，施工日期，刻不容緩，但這項艱鉅任務，全都得靠官兵同心協力，共同來完成，使部隊早日撤出寺廟，讓佛門能夠歸於平靜。

所謂「工欲善其事，必先利其器」，因此，若要完成營房建造工程，其最重要前提是需要足夠的建築工具、資源與建材等，可是當時我部才剛成立，正處於非常時期，哪來的工具、資源與建材？在既沒機器，也沒設備，又缺乏資源，缺乏建材情況下，基地建築工程全都得靠官兵用自己的雙手來完成。這次的基地興建工程，是我生平首次

的建築工程體驗，工作雖然很辛苦，責任也很重大，但卻是一次難得的磨練機會，更是一次可貴的經歷與考驗。

基地工程地點，選擇在蠻講以南一處鞍部兩側山丘之上，但兩側仍舊遙遙相望，彼此可以相互支援火力，並有足夠天然森林作為掩蔽，位於居高臨下之間，地形非常良好，雖有三條路徑匯集於此，但視野十分良好，可以遠距離提早發現來犯敵蹤或任何移動目標，阻止來犯敵人於陣前，以確保我軍後方之安全。

基地興建工程項目，內容包括寢室、教室、廚房、廁所、哨所、戰壕等，幾乎一應俱全，建造工程所需工具與建材全都就地取材，其中所需工具，則全部向村落內各家戶借用，建築所需建材如木材（提供作為樑柱用途）、竹材（提供作為屋脊支架、茅草片骨幹、牆壁、床鋪、桌椅等用途）、茅草（提供作為編紮草片用途）、藤條（提供作為綑綁建材用途）等，則全都取自深山之中，完全免費。所有建造工程在全體官兵共同努力之下，時間不到一個月，大功即告完成。

工程落成、部隊進駐啟用之日，還不忘與民同慶，邀請村長率同地方長老前來參觀，藉機宣揚我部軍威，建立軍民之間良好之互動關係，爭取民眾向心，使其成為我軍未來生存之助力，更為我軍長遠發展目標，奠定堅實基礎。

榮任侍衛職務篇

　　所謂「將相本無種，男兒當自強」。作者加入異域反共游擊隊，正逢血氣方剛之年，心中懷著滿腔熱血，常以從軍為傲，報國圖強，根本不懂人世間何謂煩惱憂愁。自從軍之後，不論分派執行任何職務，總是展現旺盛企圖心，抱持認真負責態度，樂觀進取精神，積極完成上級所交付的任務，從來不怕苦，不畏難，勇往直前，不達目的，絕不罷休。由於表現特殊，獲得長官的肯定與好評，再因認識幾個大字，在短期間內，就榮獲長官器重，擔任縱隊長的侍衛，簡直令我感到意外。

　　擔任侍衛職務之後，作者等共三人隨即陪同縱隊長徐劍光上校南下總指揮部所在地──江拉，向總指揮官提出「任務歸詢報告」。不過，縱隊長徐上校此行，除任務歸詢報告外，還有幾項任務需要，亟待進一步向上級爭取，使本部招募新兵任務，能夠順利圓滿達成。至於準備報告事項如下：其一、提出任務歸詢報告。其二、簡報本部北上執行招募新兵任務情況。其三、請求上級准予調撥本部執行招募新兵任務所需幹部。其四、請求上級准予核發執行招募新兵任務所需經費。其五、請求上級准予提供執行招募新兵任務所需武器裝備。其六、請求上級准予調派支援本部無線電報專業幹部人選，及撥發無線電報務機具，以供在執行招募新兵任務中，隨時與上級保持密切聯繫。

　　縱隊長此次遠赴江拉一行，係專程向上級提出「任務歸詢報告」，唯路途非常遙遠，行動十分艱鉅，但又不得不為，全程來回一趟，需耗時一個月，且全程都得靠步行，沿途路線多為羊腸小徑，又逢雨季來臨，每天午後必然降下傾盆大雨，路況普遍不佳，除泥濘不

堪外，加上濕滑難行，其辛苦程度可想而知，凡走過者，必然留下痕跡且莫不視此為畏途，能不走者，則盡可能「敬而遠之」。

我等南下行程，除辛苦勞累之外，全程得須配合其他團隊行動步調，不能有落單或脫隊情況發生，其原因不外有以下三項：其一、南下路途遙遠，路線不熟，一旦迷路容易誤入緬軍控制區域，必然造成衝突，帶來傷亡或損失，所以需要隨隊而行，避免落單，以策安全。其二、單獨行動，因人數過少，力量有限，無法自保，一旦發生狀況，必然陷於孤立無援地步，如果中途遭受緬軍、緬共，或地方反我勢力襲擊，更是難以抗衡，安全缺乏保障。其三、團隊人數過少，夜間紮營之間，除自我防衛能力不足外，也容易造成人員疲乏勞累，一旦時間久了，不待敵人來襲，自己也會因體力不支而相繼倒下，所以必須跟隨團隊行動。

所幸我部總算等到機會，可跟友軍同行，使南下行動終於成行。不過，跟隨友軍行動各項行動都得配合團體步調，以免影響團隊行程。跟隨團隊行動，在時間安排上，可說是非常的緊湊，例如每日凌晨四點即須起床，起床之後，須在兩個小時內，完成個人梳洗、煮早餐、用早餐餵騾馬吃些營養點心（內容有稻穀、玉米、大豆各一碗，加鹽與水）等相關事務，六點準時出發，全天候一切作息，都得根據「號角聲」行動，否則就有脫隊風險。每日一旦上路，途中沒有臨時停留或休息，必須走到中午有水處才能停下，但午餐時間兼休息時間，同樣也很短暫，須在兩小時之內，完成煮飯、用餐、休息，以及照顧騾馬吃草、喝水等工作，然後繼續趕路，直到傍晚五至六點之間，在有村落或我軍駐紮據點附近，或我軍足以有效掌握、有力控制區域，安全毫無問題前提下，才能停留紮營，其辛苦程度可想而知。

我等一行，好在縱隊長徐上校生活要求簡單樸素，一切隨遇而安，有什麼吃什麼，給什麼吃什麼，從來不曾挑剔。他曾經擔任教師

職務，出身書香門第，生活中唯一的嗜好就是不停的讀書與寫字，不論他走到哪裡，隨身攜帶的物品計有袖珍型中英文字典各一本，派克鋼筆一支，墨水一瓶，書寫紙一疊，賈立克香煙一罐，茶葉一包，其中書與筆從不離手，一旦休息或停下，就不停地翻字典，練習寫字，一會兒中文，一會兒英文，總是忙個不停。當然在讀書與練習寫字中間，他始終香煙不離手，苦茶不離口，只要事先為他安排準備好這兩件事，保證不再找您的麻煩。記得每當途中遇有缺乏書寫紙張時，我等還得為他物色一些替代品，例如乾樹葉、竹葉、樹皮、木片、竹片、芭蕉葉等，好讓他不停地揮毫，其努力認真的學習精神，的確是我等後生晚輩們「望塵莫及」，實在令人敬佩！但不幸的是，他因奉命繼續留在泰緬邊區工作，結果客死異鄉，這一生再也無法實現落葉歸根，回到祖國臺灣，或回到自己生長的故土——雲南——的夢想，這就是一個游擊隊員的下場和悲哀吧！

　　一九八五年間，徐上校回國探親訪友，有過回國定居養老構想，我曾經陪同前往前總指揮官柳將軍位於臺北寓所拜訪，但柳將軍年邁體衰，愛莫能助，無法幫忙，此事雖先後獲得我國內相關部門，以及駐泰相關機構的協助，但原軍事情報隸屬系統，人事變遷太大，且時間久遠，後者無人敢負責任，使他回國之路無疾而終，再沒機會完成心中的願望。我為此感到無比的遺憾，也為他流下同情之淚！但願他回歸天國之路好走！

　　我等一行四人，經過九天的辛勞，終於順利抵達第五軍軍部所在地，位於泰、緬兩國邊界之老羅寨，不料在此停留時間長達半月之久。原因是我軍兵力雖已超過萬人，但各部隊之間防區無法連貫，如第十三師與第十四師，或第十五師與第十六師防區中間，或軍與軍之間，彼此來往路經，即須穿過緬軍交通要道，中間地帶雖無駐軍，但能避免衝突者，就要盡量避免，以維持雙方之間的和諧關係，避免傷

了和氣，破壞現狀。可以說在當時我們就經常使用「維持現狀」這四個字。

我等繼續前往總指揮部所在地——江拉，僅有兩條路可以選擇，其中一條，是冒險穿越緬軍控制區域，但是我等一行四人，但僅攜帶一把隨身武器——4.5口徑手槍，沒有足夠防衛能力，在此情況之下，要以九天路程，穿越緬軍控制區域，到達目的地，不是件容易的事。另外一條，是經由泰國轉往寮國，再由寮國搭乘獨木舟，沿湄公河逆流而上，然後再由陸路往江拉。

借道泰國與寮國一途，因事涉外交層面，入出境問題更是一大困難，原因是我等又無過境護照，這些困難問題，勢必需要透過外交途徑，才能獲得解決，但我等連身分證明都沒有，那能行得通，最後經過多方考量結果，終於決定以滲透方式，秘密混進泰國，然後由泰國轉往寮國，再由寮國回到緬甸。但事先約法三章，萬一不幸中途被泰、寮兩國邊防軍或警察單位逮到，只有自認倒楣，甚至必要時更要勇敢犧牲，為國殉道，死也不能暴露個人身分，承認自己是異域反共游擊隊員，以免損及我與泰、寮兩國之間的友好關係。

我等四人沿途躲躲藏藏，大多利用人煙稀少地區前進，且盡量利用上午行動，因為泰國北部平原地區，中午以前時常一片「霧茫茫」，我等多利用「霧」作為掩護，徒步趕路，有時也搭乘公共汽車，歷經三個晝夜，終於到達泰、寮兩國邊界、位於湄公河畔之小鎮，進入我國情報單位在那裡所開設之「華人商店」，作短暫停留休息，等待進一步協調聯絡妥當之後，再乘渡船前往對岸進入寮國境內。不料我等剛進入商店，即有泰國警察前來從事例行性訪查，我等迅速轉往商店後院躲藏，避過一次風險。

這次跨國秘密過境行動雖然很辛苦，不過對我個人而言，能夠參與這次秘密過境行動，不僅使我感到非常的刺激，而且首次讓我

有機會見識到文明社會所使用的「抽水馬桶」──但卻不懂如何使用，進入洗手間之後，才發現有抽水馬桶、浴缸、洗臉臺等三項器皿，不知哪裡可以小便。結果還得出來勞駕主人前去教導一番，才得以解除困惑，如今回想當時情境，覺得自己真有夠土，的確很糗！當然也從那時開始，終於讓我朝現代文明向前邁進了一大步，不僅認識現代浴室文明，也瞭解「抽水馬桶」給人類帶來生活的方便。

我等所搭乘的大型獨木舟，共有五位船夫操作，其中一位負責掌舵，四位負責划槳，沿湄公河寮國水域內逆流而上，船夫們雖已竭盡心力，但船行速度依舊非常緩慢，在前進之間，船夫們不時放下釣餌，不料竟有魚兒不知死活而上勾，真有所謂「姜太公釣魚，願者上勾」，可見當時湄公河魚貨量之豐富。五位船夫，不僅是水上專家，也是釣魚高手，我等也有機會，分享他們的戰利品，讓我等初次嘗到湄公河流域的魚鮮，簡直就是一頓美味大餐，使人回味無窮。

湄公河原來是由我國雲南省流經寮國，在我國境內稱為「瀾滄江」，我等見到了湄公河，感到格外的親切，因為它在嘉惠我中華民族之餘，沿途所經之處，仍舊不遺餘力，盡其所能服務其他國家與民族，對東南亞地區人民的貢獻令人敬佩。

我等這頓魚產美味大餐，除格外感到味美可口外，個人心中不免也在嘀咕：所吃下肚的鮮美魚肉，如果真的產自我國境內，只因出來旅遊而經過此地，那麼牠將是我中華民族的特產，不料彼此在異域相遇，竟面臨牠為我而犧牲，實在有夠殘忍！若再繼續揣測下去，恐將沒完沒了，還是就此打住，言歸正傳，回到主題吧！

船夫們歷經五、六小時的划槳，獨木舟終於將我等送達友軍第十四師防區。不過，上岸之後，還得再往北走上約半天時間，且需要翻過一座高山，上山與下山各需三個小時，走到傍晚時分，終於抵達

友軍營區住宿。次日告別第十四師營區，並由該師派兵護送我等前往第二十二師（後改為第十一師）防區，再由第二十二師派兵接應，終於抵達縱隊長徐上校原屬部隊前線，團指揮部所在地——南昆，經過休息數日之後，再由防區前線團長兼指揮官段國相上校，指派幹部陪同我等，前往師部所在地猛八寮，由縱隊長徐上校就本部執行新兵招募任務概況，先向師長李黎明上校提出簡報，並請求上級長官，繼續支援本部執行招募新兵任務，所需「預算、幹部、武器與裝備」等，以利任務之圓滿達成。

這次南下一行，我們侍衛三人，全都留在第二十二師師部所在地猛八寮待命，時間長達月餘，有關食宿等民生問題全由師部負責接待，就在師部廚房搭伙，因人數少，伙食辦得不錯，主廚由來自四川的老士官擔任，不僅伙食品質好，且色香味俱全，讓我們每餐能夠吃到不同口味的菜色，簡直像住高級飯店一般，棒到使人無話可說，這是我自加入游擊隊以來，首次有這樣難得的進補機會，每天一定準時報到，生怕錯失良機。因為當時異域游擊隊官兵的生活非常艱苦，每日兩餐伙食奇差無比，有時連肉味也不知為何？所以有此生活品質，已經算是一種高級享受，真讓我終生難忘，至今仍舊回味無窮。

我等三人停留在此期間，因不需負責任何軍事勤務，整天無所事事，可以自由活動，除了吃飯、睡覺、遊玩之外，閒暇之餘，經常四處遊走，也常到附近小河從事游泳、捉魚、摸蝦等休閒活動，偶而也會大有斬獲，讓師部長官一起分享意外得來的成果。

俗話說：「老鄉遇老鄉，兩眼淚汪汪」，我因祖籍也是四川，時常前往廚房找士官攀關係，閒聊天南地北，也利用機會幫忙做些取水、劈柴、洗菜或協助清洗碗盤等雜務，儼然以二廚自居，因此常跟大廚老鄉在廚房用餐，除有好吃好喝外，還有機會喝到他私藏的老酒，共同為有緣相聚而舉杯慶幸，享有的待遇遠比他人更優厚。

　　經過這樣一個月的休閒假期，加上每天有豐盛的美食時候，我等三人體重當然增加不少，而在南來途中所消耗的體力與精神，也得以逐漸恢復原來面貌，此趟南下之行，的確可稱得上是一次「難忘之旅」。

走過金三角

▶ 午夜與虎共舞篇

　　所謂「老虎雖然兇猛，不敵人的智慧」。我部此次南下，在請求上級增加經費、支援幹部、提供武器、調撥裝備等方面，已順利達成預期目的，所以若用「滿載而歸」四字來形容，也不為過。

　　當然這些豐碩成果，全都得歸功於我部縱隊長徐上校，充分發揮遊說才能，憑其三吋不爛之舌，說服各級長官，同意提供我部執行新兵招募任務所需各項資源，使我等南下任務順利圓滿達成。這趟任務故然備感艱辛，但總算值回票價，可稱得上是一次成功之旅。

　　我等南下一行原本僅有四人，但回程時人數已增至十一人，剛好是一個步兵班的實力，並擁有美製A6式輕機槍、30式步槍及卡柄槍、45手槍、英製22式衝鋒槍、日製38式步槍、美製無線電報機等各式武器裝備，簡直讓我部如虎添翼，顯然已有足夠武力，足以自我防衛，安全應該不成問題。因為在回程隊伍中，兵力雖然有限，但除我等三位菜鳥外，其餘幹部均為老兵，而且每位老兵均有豐富的作戰經驗，縱然僅靠我部力量，也能單獨行動，有信心可以圓滿完成回防任務。

　　由於回程人數增加，又攜帶大量武器裝備，無法打道泰、寮兩國國境北上，所以回程路線，勢必選擇捷徑，但是選擇捷徑，必須穿越緬軍控制區域，預期風險較大，安全受到考驗。因為在捷徑上，必須穿越一條由緬甸撣邦通往泰國湄賽之間唯一的公路線。我部官兵在穿越公路時，容易被來往或巡邏之緬軍發現，一旦行蹤暴露，我部官兵極有遭受緬軍攔截或襲擊之可能，屆時後果嚴重，安全堪慮。

　　基於安全考量需要，決定在我部官兵穿越公路時，商請第二十二師派兵護送，至於後續回程，則靠我部官兵獨立完成，不再依賴友軍

或勞動友軍護送與支援。原因是只要我部能夠順利穿越公路，即可脫離緬軍控制區域，然後再走上一天半日，就可以進入我友軍第十六師占據地區，一旦進入友軍占據地區，安全即無問題。不料在進入第十六師占據區域之後，北上途中我部並不怎麼順利與平靜，究竟原因何在？請看以下介紹。

　　我部官兵回程行動，原本順利無阻，不過就在第六天夜晚，於荒郊野地紮營時，竟然發生「與虎共舞」鬧劇，我部官兵所遇到的敵人，不是緬軍，也不是緬共，更不是土匪強盜，而是一群可怕的猛虎！由於事出突然，且又發生在午夜時分，不明對手來自何方，瞬間使我官兵們如臨大敵一般，情況非常危急，簡直叫人毛骨悚然，不寒而慄。

　　回程的第六天中午，我部官兵已順利到達苗山，為第十六師師部所在地，並由師長王上校親自以午宴款待，席間一再慰留我部官兵，留此休息一晚，明日再趕路也不遲。但我部縱隊長徐上校，基於爭取北上時間，堅持再走一段路程，於是用完午餐，隨即辭謝王師長，大夥匆匆趕路，王師長不再勉強，但於臨行前特別提醒大家，因本區域內大貓甚多，夜間在途中紮營，必須隨時提高警覺，防範未然，才能確保人員與馬匹之安全。

　　我部官兵一行於傍晚時分來到一處山谷，正巧該處有一間平日無人居住之驛站，足夠我部臨時紮營使用。隊伍停下之後，大家分工合作，展開各項紮營行動，有的負責打柴，有的負責燒飯，有的負責為騾馬找草料，有的負責警戒任務，有的整理住宿環境，待各項工作準備就緒，晚餐也燒好之後，大夥開始用餐，晚餐後因為大家走了一整天路，個個顯得疲憊不堪，另因身處叢山峻嶺之中，沒啥消遣娛樂可言，大家經過一番梳洗，除擔任警戒者外，其餘官兵已經紛紛入睡，使黑夜世界變得格外地安靜，為值班擔任警戒任務者增添許多的孤獨與寂寞。

　　由於第十六師王師長於午餐結束之後，伺機提供有關本地區屢傳虎患訊息，讓我部官兵有防範未然之心理準備，所以，縱隊長徐上校特別提醒大家，提高警覺，加強防範措施，並要求官兵準備大量木柴，於入夜之後，利用宿營前空地燃燒熊熊營火，增加照明亮度，使其發揮嚇阻作用，預防野獸來犯，確保我部官兵與騾馬之安全。

　　在午夜之前，一切平靜如常，並未發生任何動靜，午夜剛過輪到我起來擔任警戒任務，在夜黑風高之下，幾乎伸手不見五指，縱然負責警戒任務，也僅憑感覺或動靜做出反應，因為根本無法用肉眼觀察到任何事物，全靠聲響動靜，或騾馬視覺與嗅覺，辨別危險來自何方。不料在午夜極端寂靜之間，宿營地以西山谷不遠處，突然傳來老虎吼聲，就在同一時間，騾馬似乎也嗅到老虎的騷味，紛紛驚慌混亂起來，在原地不停的跳躍，有的甚至猛然跺腳，不時用鼻子發出危險警告，在鬼影森森之間，所謂「只聞其聲，不見其影」，仍舊無法察覺到老虎的蹤影，一時之間，可謂「恐怖萬分」！不過，根據老虎剛才吼聲判斷，已經初步掌握概略方位，可以確定的是，老虎此時應該已到達我軍宿營地附近，並就攻擊準備位置，等待有利機會，伺機展開襲擊行動，當然牠想獵取的對象，並非我們人類，而是針對我們的騾馬，不過，所謂「打狗，得看主面」，首先得要問問我的卡柄槍是否答應，否則，勢必讓牠來得去不得，最後將死在我的槍口下，休想全身而退，保住虎命。

　　老虎吼聲之後約十餘分鐘之間，情況突然危急起來，首先在森林不遠處傳出聲響，我軍的騾馬瞬間全都面向右側山谷，發出連續鼻聲，好像在告訴我老虎躲藏方向及位置，此時我雖然無法看到老虎蹤影，但是根據學者研究證實，在夜間老虎的視力強過人類六倍，等於牠看得到人類，但人類卻無法看到牠，在這種情況下，我毫不考慮及時舉槍朝向山谷射擊，此次僅射出一發子彈，其目的有兩個，一方面

希望立即產生嚇阻作用，不讓老虎繼續靠近我軍紮營地；另一方面也好給自己壯壯膽，避免老虎靠近，對我人員與馬匹構成嚴重危害。

根據歷史的經驗，不論任何武裝起義或革命運動，甚至軍事作戰行動，終究有人創造出所謂「驚天地，泣鬼神」的偉大事業，今晚我就是負責所謂「打第一炮，放第一槍」的那一人，原因是在緊要生死關頭時刻，我若再不開槍，給老虎一點下馬威，一旦讓老虎趁機繼續靠近我軍紮營地，牠必然採取襲擊行動，後果恐怕不堪設想，不僅騾馬受嚴重威脅，說不定人的安全也受到威脅；再說老虎在暗處，我軍在明處，所謂「明槍易躲，暗箭難防」。

當然，我也不想「亂槍打鳥」，而是情況危急，不得已只好及時開槍，其開槍原因，不外有以下五點。其一、老虎夜晚視力強過人類六倍，牠能看到我們，而我們卻看不到牠。其二、我們在明處，牠在暗處，我方處於劣勢。其三、老虎只想飽餐一頓，不顧其他後果。其四、老虎身手敏捷，一旦發動攻擊，必然造成傷害，必須先下手為強。其五、當時的我才十七歲，遇到這種狀況，心理難免產生恐懼，唯有立即開槍，才能壓制虎威，同時也希望喚醒大夥，全都起來助陣，藉此壯壯自己的膽，好讓自己能夠迅速鎮定下來，避免帶來任何災害或損失。

在我射擊槍聲響起瞬間，大夥聞聲而起，迅速聲援，共同加入抗虎之戰，可惜因為視線不佳，大夥無法掌握老虎來處及方位，唯有分配個人射擊方向，每人射擊一發子彈，目的在產生嚇阻作用，命中與否，不屬考慮前提。不過，由於在第一時間，即時獲得大夥的聲援與協助，使抗虎之戰能夠圓滿落幕。

老虎在第一回合失敗之後，雖已嚇得驚魂未定，暫時退回森林深處躲藏，但卻心有未甘，不願承受失敗事實，想到即將到口的晚餐，心中忿忿不平，耿耿於懷，不肯就此罷休。經過約一小時潛伏之後，

老虎志在必得，再度展開襲擊行動，捲土重來，回到獵殺現場，準備採取第二波偷襲行動，所幸我們的騾馬群早已嗅到老虎騷味，發現其行蹤，經由騾馬群發出警訊瞬間，我軍擔任警戒同志，及時開槍射擊，使老虎的陰謀詭計無法得逞，再次吃了敗戰，如用所謂「趁興而來，敗興而歸」一詞，來形容牠當晚的時運與遭遇，最為貼切。

第二次人虎大戰，輪值警戒任務雖已換班，而且輪值人數也由一人改為兩人，但在槍聲響起瞬間，我也在第一時間即時起來，迅速披掛上陣，加入抗虎行動。因為軍隊是一個生命共同體，官兵患難與共，生死相隨，榮辱一體，所謂「有福同享，有難同當」，當危險來臨之際，全靠團隊合作精神，發揮整體力量，才能將眼前的敵人——老虎擊退，好讓大夥能夠安心休息，明日才有足夠體力，迎接未來可能面臨的各種遭遇與挑戰。

經過這兩次打虎聖戰，不僅浪費許多寶貴時間，擾亂我部官兵睡眠休息不說，而且先後消耗我軍十餘發子彈，更是令人感到惋惜，因為游擊隊在異域，後勤補給不易，在資源極度缺乏的情況下，每一發子彈均彌足珍貴，況且又非敵我兩軍交戰，僅以一群野獸，除讓我軍徹夜無法安眠，也消耗珍貴資源子彈，確實使人很嘔，也很不值得。

這次打虎戰爭終於讓我們深切地瞭解到，不論在「動物園」裡活生生的老虎，或「動物奇觀」畫面中的影像老虎，乍見之下，顯得悠哉悠哉，懶洋洋似的，溫和可愛，且面對人類視若無睹一般，但牠終究屬於野獸，身手矯健，孔武有力，一旦撒野，危險萬分，千萬不可大意或掉以輕心。尤其竟敢公然挑戰人類，簡直就像一支訓練有素的野獸部隊，專門前來擾亂我軍睡眠，影響我軍休息，瓦解我軍士氣，伺機消滅我軍人與馬，絕對不可等閒視之。

經過一晚的人虎戰爭，結果弄得雙方人仰馬翻。牠們冒險之後，一無所獲，我們辛苦之間，無法安眠。對我們人類而言，不論由誰負

責警戒任務，當老虎來襲時，大夥都得起來應戰，每個人心理難免都有些毛毛的，而且很不是滋味，雖然我軍勢單力孤，但也不至於淪落到「人落深山被虎欺」的地步吧？

此次老虎挑釁人類的事件，這可是罕見的例子，我等也感到所謂「虎餓逢人食，人窮起盜心」，簡直不敢相信這種事實。或許牠們也是餓昏了？為了自己與幼虎的生存，不惜冒險一試，沒想到「抓馬不著，蝕把米」，差點賠上老命，老虎這種盲目的冒險行動，簡直是「目中無人」，竟敢向有高智慧、主宰宇宙萬物的人類，進行造反挑釁，我軍必然採取「格殺勿論」措施，以起「殺雞儆猴」作用，避免日後再犯。

根據典故瞭解，虎與人結怨確實有其前因後果。話說，老虎因看不慣人一向把牛當奴隸使喚，讓牛從事拉車、耕田、生養牛仔等工作，甚至等年老體衰時，還要被人剝其皮、吃其肉。種種坎坷命運，讓老虎經常「路見不平」，有心「拔刀相助」，但其實也是「心懷不軌」，真正動機也是「貓哭耗子，假慈悲」，心中想騙牛上當，好讓自己有機會飽餐一頓，因此，時常前來對牛進行遊說，期望達到挑撥離間目的。

牛嘆息地對虎說道：「這還用你說，如果能走得了，我早就遠走高飛了，哪等到現在還無法脫身？」虎問道：「為什麼？」牛回答：「很簡單，因為人有很高的智慧，你若不信，就試試看。」虎質疑：「我不相信，而且我倒想見識一下。」於是虎、牛、人三者之間，隨即展開一連串微妙的互動關係，至於互動關係的發展情形及其過程，請看以下介紹。

虎對牛說道：「只要你願意，我願助你一臂之力，幫助你早日脫離人類控制，過自己的生活。」牛回答：「我當然很想盡快擺脫人類的控制枷鎖，不過就看你的能耐囉！」虎對牛說道：「好！那就請你

代為安排與人見面的機會，我倒想跟他領教一番。」牛回答：「好！沒問題，就包在我身上。」牛與主人見面之後，牛對主人說：「剛才老虎拜託我跟你說，牠很想領教你的智慧，不知意下如何？」人回答：「好啊！由你負責安排見面時間及地點。」牛表示：「好的！由我來安排。」次日牛、虎再度於田間碰面，牛回虎話：「我主人已經答應，我們約定於某日某時在此相見。」虎回答：「沒問題，我會準時前來。」於約定當日，虎按時來到田間，和人與牛相見。人對虎說道：「久仰大名，今日才見，歡迎來此相會。」虎回答：「彼此，彼此，不知是否浪費你寶貴時間。」人向虎表示：「不會，不會，不過抱歉的是我早上出門忘了帶『智慧』，你願在此等我回家去拿？可是又怕你沒耐性，不甘願在此等候。」虎回答：「那有什麼問題，你就放心去吧，我一定會等你回來，絕不食言。」人問虎：「你若願意配合我一個小小要求，我就成全你。」虎回答：「哪裡話，甭說一個要求，就算十個百個要求，我都可以答應，你直說無妨。」人又表示：「那你得答應我一件事，而且絕對不可反悔，就是讓我把你綁起來，我才肯放心，願意回家去拿『智慧』。」虎回答：「好啦，就依你的，請動手吧。」虎既然爽快答應，人隨即取下犁具上之繩索，將虎五花大綁，讓虎動彈不得。此時人終於對虎說道：「虎兄：得罪了！其實這就是我的智慧，你看怎麼樣？」虎還得意忘形地放聲大笑，嘲笑人類的「雕蟲小技」，虎回答：「這算哪門子智慧？簡直可笑透了。」人對虎說：「你死到臨頭，還不肯相信，我就讓你見識一下我的厲害吧！」於是拿起木棒，將虎猛打一頓，虎被人打得遍體鱗傷，已經痛得受不了，只好哀聲求饒。牛看了這種情景，不但毫無憐憫之心、同情之意，反而笑得翻天覆地，結果一不小心碰到石頭，瞬間撞得滿地找牙，從此讓牛失去了上門牙，至今未曾再長回來過。虎也帶著滿身傷痕，所以如今老虎身上之斑紋，就是當時被人毒打後所留下

的傷痕，離開現場之後，邊走邊喃喃自語，從此與人類斷絕關係，拒絕再與人類交往。虎遭此打擊之後，無顏再見江東父老，再者因身心受創，而得了自閉症，長年獨來獨往，只有交配季節才會與母虎相見。從這個典故，充分證明人類確實有很高的「智慧」，其他任何動物千萬不要小看。

　　總之，這次的特殊戰爭，是我們有生以來首次遭遇，簡直弄得我們「人仰馬翻」，人畜幾乎面臨「生死關頭」，我們不僅要為自己的生存而戰，還要為騾馬的存亡而戰，整個戰爭場面如臨大敵一般，不過戰爭對象不是人類，而是一群「只聽吼聲，不見其影」的猛虎野獸，回想當時，猶如夢幻一般，的確不可思議。

走過金三角

▶ 擔任超級保鏢篇

所謂「拿人錢財，替人消災」。我異域反共游擊隊，除了身邊的「愛槍與子彈」係由自由祖國提供之外，其餘各種物資的奧援數量相當有限，所以，部隊日常生活所需得靠各單位「自力更生」、自食其力，維持基本生活所需。俗話說得好，所謂「靠山吃山，靠水吃水」，我全體游擊健兒，得靠自己的生存利器──槍桿子，藉機賺點外快，以供官兵生存開銷需求，使部隊能夠繼續發展壯大。

所謂「君子愛財，取之有道」。那麼，既然如此，部隊究竟如何賺取外快呢？第一、凡事均由官兵自己動手，從事農業或畜牧業生產，除提供部隊「自給自足」外，還可對外銷售，賺取部分價差，以供部隊統籌運用，彌補經費嚴重不足之情況。第二、透過僑界協助，投資跨國貿易，賺取價差利潤，移作部隊生存發展經費。第三、擔任馬幫保鏢工作，護送僑界馬幫組織，從事跨國貿易，收取點保護費，達到互利共生目的。（按：緬甸僑界擁有許多馬幫組織，這些馬幫組織從事跨國貿易時，必須奔波來往泰國與寮國之間，但馬幫所經路線，均屬高山地區的羊腸小徑，經常遇有緬甸軍警藉機找碴，或有緬共中途攔阻，或被各地土匪、強盜、惡霸勢力，趁機打劫。所以，三不五時需要洽請我異域游擊隊派兵支援保護，臨時擔任超級保鏢工作，除負責維護馬幫人畜安全之外，並按時將馬幫送達特定地區或國家）。第四、部隊所需營房設施之建造工程，全靠官兵自己的雙手完成，絕不假手當地居民，不僅做到「絕不擾民」的紀律要求，也能節省不必要的經費支出，達到節流目的。作者所屬單位當然也不例外。

經過以上介紹，讀者不難瞭解，我異域反共游擊隊，所以能在異域長期維持生存、發展、壯大，各單位不但懂得充分運用開闢財源的

絕妙方式，更懂得如何節流的最佳辦法，果真符合所謂「山人自有妙計」。

我部蠻講營區建造工程已經大功告成，並且正式啟用，使部隊擁有自己的營區可用，官兵立即遷離所借駐之寺廟，從此不必寄人籬下。

我部縱隊長徐上校南下之旅時，獲得總指揮官首肯，同意撥發所需幹部與武器裝備。讓我部早日完成部隊組織編制計畫，初期編制建制，以一個營為目標，下轄兩個連隊，官兵們擁有正式軍服可穿，也配發制式武器，終於讓官兵們像個軍人的模樣。

所謂：「苦瓜雖苦共一藤，兄弟雖呆共一心」。我部縱隊長徐上校返回基地之後，基於未來任務需要，特地指示相關主管幹部，立即辦理部隊教育訓練事宜，讓每位新進戰士有機會接受一連串的軍事教育、訓練、演習等課程，使每一位新進戰士迅速成為一個文武兼具的反共鬥士，不論在未來部隊生存與發展過程中，或執行游擊作戰任務之間，擁有足夠的知識與能力，應付任何的挑戰與考驗。

部隊訓練課目，從基本教練開始，再逐步教授相關武器裝備之使用、保養、愛惜，戰鬥教練相關攻擊防禦知識與技巧，體能鍛鍊，保密防諜、軍紀教育、生活禮儀、忠貞信念、愛國思想、軍歌教唱、個人衛生等，使每位戰士正確地瞭解一位軍人應該具備的基本知識與素養。培養戰士團結合作精神，使部隊融為一體，人人以部隊為家、個個視同志如親，力求親愛精誠，發揮團隊精神，提高官兵士氣，爭取團隊榮譽，提升部隊素質，強化部隊戰力，成為一支「攻無不克，戰無不勝」的游擊勁旅。

我軍防區指揮官第五軍之第十五師師長馬上校，基於讓我部官兵有實兵演練機會，進行長途任務訓練，特地要求我部遴選一連官兵，支援超級保鏢任務，臨時參與馬幫護送工作，我部官兵聞知消息之

後，個個趨之若鶩，人人欣喜若狂。因為我等新兵們自加入游擊隊至今，時間將近一年，除了接受教育、訓練、演習之外，未有出任務紀錄，如今終於有機會，戰士們總算可藉機牛刀小試，大顯身手一番。既然有勇氣敢來加入游擊隊，當然並非貪生怕死之輩，若有誰膽敢在任務途中進行攔阻或打劫，我等準叫他「吃不完，兜著走」。

執行超級保鏢任務所選擇路線，與我等之前隨縱隊長南下完全一致。我於北上之後，隨即回到原來所屬連隊，所以這次任務也少不了我一份，又得舊地重遊一番，回想初次南下所經歷之辛苦，記憶猶徘徊在腦海之中，難免又讓我產生幾分恐懼。

在部隊出發之前，戰士們個個自信滿滿，人人士氣高昂，大家有足夠信心，圓滿達成上級所交付之任務。不過行動之初，略有出師不利情況發生。在我軍穿越路經其中唯一公路孔道時，巧遇車輛經過，所幸係屬民用車輛，如果是緬軍車輛，很可能因而造成衝突事件。原因是我軍必經公路孔道，係在緬軍掌控勢力範圍，該公路孔道位於第十五師與第十七師防區之間，不僅是唯一孔道，也是必經之路，別無其他替代道路可走。

我軍各單位來往兩師防區間，必須穿越此一公路孔道。不過，以往我軍穿越模式，原則上是利用夜間穿越，避免跟緬軍發生正面衝突。但此次為配合馬幫趕路要求，破例將穿越公路孔道時間，選在下午二時左右。不料，當我軍所護送之馬幫隊伍通行一半之際，公路上突有一列民用貨車隊經過，我先頭埋伏部隊指揮官，只好命令戰士鳴槍示警，制止車隊繼續前進，央求在原地停車休息，讓我軍部隊及馬幫先行穿越。

我部支援兵力負責後衛任務，在前方槍聲響起瞬間，戰士們猶如「大姑娘上花轎，還是頭一遭也」，在摸不清前方狀況之下，迅速就地找掩蔽，或立即就戰鬥位置，完全出於訓練有素之正常反應，但此

時本部連長范如玉上尉（范上尉也於民國五十年間，隨部隊撤回國，但不幸在民國七十五年間，病逝於竹東榮民醫院，回歸天國。），卻發出連續而緊急哨音，要求全體戰士繼續前進，迅速通過公路線，搶占公路孔道西側制高點，取得地形優勢，讓我們這群菜鳥上了一堂精彩無比的戰鬥教練，也作了一次臨場實戰演練，可說是一次難得的機會教育。

記得當時前方槍聲響起，顯示狀況相當危急，時間緊湊，過程短暫，但全體戰士卻表現出「莊敬自強，處變不驚，慎謀能斷」的危機應變要求。大夥能夠服從長官指令，個個沉著應變，人人勇往直前，臨危不亂，證明過去幾個月來的新兵教育訓練，確實收到預期效果，充分顯示戰士們過去所接受艱難而嚴酷的軍事訓練，終究沒有浪費。

經過這一回合考驗之後，我們每位戰士在緊接下來之任務過程中，始終保持戰戰兢兢，片刻不敢怠懈，在全體官兵通力合作之下，終使超級保鏢任務能夠順利圓滿完成，不僅沒讓長官失望，也藉機建立我部官兵之信心責任心與榮譽感。

此次執行超級保鏢任務原則上係以友軍第十五師所屬部隊為其主力，並擔任前衛任務，負責打頭陣，做開路先鋒，而我部支援數十位官兵，負責擔任馬幫之後衛任務。但此次相較之下，遠比之前陪同縱隊長徐上校南下，更加辛苦若干倍，原因是這次行動，每位戰士必須攜帶個人武器、彈藥、寢具與換洗衣物等，行李沉重，另在夜間，仍須起來換班，擔任警戒任務，無法安心睡眠，其任務辛苦程度，由此可想而知。

因每位戰士均能全力以赴，盡忠職守，使任務得以順利圓滿達成，工作雖然辛苦，但可藉此獲得瘦身好處。當然最重要的一點，在超級保鏢任務結束之後，終於讓我們每位戰士自從軍以來首次收到

禮物——就是分到一點好處，究竟什麼好處呢？我不想說清楚，講明白，勞駕讀者自己猜一猜吧！

　　總之，類似超級保鏢任務，作者過去擔任異域游擊隊員期間前後共計參與三次之多，所幸屢次均能順利而圓滿達成任務，從來不讓長官失望。

接受軍事教育篇

　　所謂「接受軍校教育，懂得為何而戰。分辨生死之道，明瞭為誰而戰」。一九五八年底，本單位奉命離開蠻講基地，除幹部及老兵繼續北上，執行新兵招募任務外，我等新來的年輕菜鳥們，將前往目的地江拉——總指揮部所在地，集體送進「雲南人民反共志願軍幹部訓練班」第七期，接受為期一年的軍事養成教育訓練，畢業之後，再根據學識能力及在校成績，授予軍階，但離開校門之初，每一位畢業生必須再進入新兵訓練中心，擔任一年的教育班長職務，然後再分發戰鬥單位，擔任基層帶兵官職務。

　　幹部訓練班之設立，是我異域反共游擊隊唯一的軍事學府，班址位於總指揮部所在地——江拉盆地北邊山麓，屬於江拉盆地分支線盆地，面積約臺北市大安森林公園一般大，三面環山，南北兩側各有一條小河，分別自西北流向東南，形成天然防衛屏障，河裡有魚也有蝦，是我隊新生們游泳、洗衣、摸魚、抓蝦的最佳處所，地點不賴，如果處於太平盛世，它的確稱得上是一處「世外桃源」。

　　幹訓班營區範圍廣闊，建築物有禮堂、寢室、教室、廚房、廁所、操場、籃球場、單槓、雙槓、爬竿、木馬、障礙超越場地、單兵攻擊訓練場地等設施，全都由以往曾經進入基地訓練的官兵，用雙手建造而成。不過，我們新兵隊伍抵達之後，卻不能「坐享其成」。所以，隊長特別指示，要求我們必須「自食其力」，作為考驗我們這批菜鳥的第一關，我們全體新生必須得用自己的雙手，建造未來自己所駐的所有營區設施。

　　在異域別的沒有，但建築基地所需材料可是遍地都有，垂手可得，輕而易舉，完全免費，根本不需花費一分一毫預算，就可建造出

軍隊所需各種樣式的建築物。既然長官要我們蓋房子，建造營區，只要提出計畫構想，我們準能辦得到，誰怕誰啊，這可不是亂蓋的；不過，話又得說回來，還真是用「蓋」的，一點也假不了。

長官提出營房建造計畫構想，建造營區及設施項目包括長官寢室一間、學兵寢室兩間、教室一間、廚房一間、廁所兩間、操場一座、晒衣場一處、菜園一片、豬舍一間、雞舍一間、鴨舍一間。所謂「新官上任三把火」，可真「燒得我們好熱啊」！想必這就是所謂「下馬威」吧！軍人嘛，世界各國軍隊大都同一個模式，所謂「一個命令，一個動作」，長官說了就算，縱然不喜歡，都得照辦不誤。

幹訓班班主任一職由總指揮官柳將軍兼任，柳將軍出身黃埔陸軍軍官學校，官拜陸軍中將，是由國內派去的軍事將領，具有帶兵、練兵、用兵等指揮與作戰經驗，政府對我軍在異域軍事據點之重視程度，由此可見一斑。

由於新兵招募不易，員額不足，我們這一期的學兵人數，僅有四十一位同學，班隊之下，共計編成兩個區隊，每區隊編成三個班，學生平均年齡約在二十五歲之間，分別來自中國大陸之四川、雲南、貴州三省之難胞或義胞，也有少數是在一九五八年間，我異域反共游擊隊為了奉命策應「八二三金門炮戰」，而對大陸採取軍事突擊行動，於陣前起義來歸的反共義士、緬甸華僑，或難民子弟，也有少數是當地的原住民族。

然而令人感到遺憾的是，我們這一班同學，目前還活著，並在祖國──臺澎金馬地區居住者，僅僅剩下六位，其餘的不是為國犧牲，就是回歸天國了，可見個人的生命，不僅短暫而有限，其過程更是多變與無常的，唯有每個人都能珍惜現在，愛護有限生命，堅強的站起來，勇敢的活下去，所謂「人能活著，就有希望」，確實是一句至理

名言，但願你（妳）及時把握現在，活在當下，才能展望未來，進而創造健康快樂的美好人生！

我們這個班的隊職官及教官陣容，全都出身黃埔陸軍軍官學校，大部分屬於大陸淪陷之後，自雲南撤退到緬甸而留下來的國軍軍官，一部分則是由祖國臺灣派遣過去的種子教官。異域的教育制度及訓練方式與國內完全同屬一個模式，唯一的差別應該是教材及教具方面沒有國內那麼充裕完備，尤其實彈射擊練習方面，礙於資源有限，彈藥極度缺乏，每位同學全期僅有三發子彈可供射擊練習，射擊機會實在少得可憐，若瞄準練習做得不夠踏實，或因學生本身視力較差者，甚至反應較為遲鈍者，恐怕連靶子也打不到，更甭想打到靶心了，其訓練不足之處，由此可見一斑。所以在異域部隊一向要求官兵，在作戰期間，一定要遵守所謂「遠距離不打，瞄不準不打，沒把握不打」，三不打規定，以節約子彈。

所謂「既來之，則安之」，由於我們每位同學都是懷著滿腔熱血，展現旺盛的企圖心，人人雄心萬丈，個個士氣高昂，根本不知什麼叫苦？何謂是難？大家唯一的願望是全面投入學校教育，積極參與訓練，認真學習知識，磨練戰鬥技能，加強鍛鍊體魄，期望早日完成學業，儘速分發部隊，帶領弟兄站上前線，勇敢前往沙場，走到國家民族最需要的地方，達成為國家盡忠，為民族盡孝，為自己盡職，為部隊爭光，完成反攻復國大陸，拯救苦難同胞的神聖使命。

我們這個班隊的開辦就異域游擊隊而言，可稱得上是一項新的創舉，其目的在為部隊培養未來的領導幹部，避免產生斷層現象，具有指標性作用，不能等閒視之。因此，深受各級長官重視，無論教育制度、訓練方法、訓練時間、訓練課目、教官選拔、隊職官選派等，所訂標準甚高，要求極為嚴格，絲毫絕不馬虎。

走過金三角

　　所謂「好的創舉，新的嘗試」，當然需要證明我們這個班隊開辦，與其他訓練班隊有所區別，以下僅將我們這個班隊的特色分別介紹如後：其一、本班為異域反共游擊隊成軍以來所首創，目的在培養幹部人才，避免幹部銜接不上，以維持部隊的永續性，使部隊組織得以繼續傳承，讓游擊隊未來的生存發展有更廣闊的揮灑空間。其二、本班專業課目的授課教官人選，均由祖國臺灣派遣，讓異域反共游擊隊也有機會接受國軍正規化教育制度與訓練方式，使教官人才缺乏問題，即時獲得解決。其三、本班學生平均年齡，僅有二十五歲，創下空前紀錄，展現欣欣向榮的景象，此一年輕化現象，將為異域反共游擊隊帶來新希望，展現新風貌。其四、本班學生組成份子，計有中緬兩國族裔，包括十餘個族群，讓游擊隊的陣容，邁入種族多元化，大家共同參與反共復國偉大事業。其五、本班隊長職務由第二十二師王副師長出任，充分顯示長官對這個班隊的重視程度。王副師長官拜陸軍中校（按照異域反共游擊隊編制軍階，師長軍階僅為上校），黃埔陸軍官校十八期畢業，科班出身，治軍極為嚴格，一旦有人敢偷懶裝病，或不專心學習，或學習過程發生錯誤情事，得由全體學生陪同操練，不達要求標準，絕不輕易罷休。其六、本班學生接受教育訓練期間，若遇當地居民之水稻收割季節，必須放棄星期例假休息權益，全面參與助割行動，響應「愛民活動」，藉機爭取民眾向心，建立軍民一體，樹立良好的互動關係。其七、本班學生得利用年節機會，舉辦軍民同樂聯誼活動，由學生隊伍以自編、自導、自演方式，展現中華文化傳統技藝，如舞龍、舞獅、旱船、踩高蹺、軍歌演唱、電影欣賞等，拉近軍民之間的距離，建立彼此的互信關係。其八、本班所需副食品，如蔬菜、水果，一律由學生親手種植而獲得。至於雞、鴨、鵝、豬等，一律由學生共同負責豢養，培養生活情趣，藉機改善團隊生活。其九、本班教育訓練所需營區設施，全都由學生自行建造，

藉機磨練學生手腦並用技能、雙手萬能的本領，培養生存知識能力。其十、本班教育訓練期間，常有緬甸軍機三不五時前來轟炸，全期先後遇有四次空襲紀錄，除每個學生必須挖掘自己的防空避難掩體之外，每日須將個人裝備搬至避難所，於傍晚時分，再搬回寢室，一天二十四小時，經常得保持戰備狀態，生活氣氛難免有些緊張與不安，所幸營區四周群山環繞，山區森林密布，為我軍提供了天然的掩蔽，從來不曾發生任何傷亡事件，頂多僅影響我軍生活秩序而已，當然，有時免不了造成少數營舍之損壞罷了，但並未發揮任何嚇阻作用，反讓我軍有磨練膽識的大好機會，算是一種免費的震撼教育吧，我們還得向緬軍的飛行員助訓貢獻，表達由衷的謝忱。其十一、本班學生平日生活非常儉樸，例如軍服的縫補、頭髮的修剪、簡單的療傷工作等，全由學生彼此之間互相觀摩、學習，共同研討完成，因為在異域生活實在很不容易，凡事都得靠自己動手，每人必須培養雙手萬能的通天本領，才能鍛練出堅苦卓絕的奉獻精神，達到自力更生的生存要求。其十二、本班教育訓練要求，採取管教合一制度，有關一般性課程由隊職官負責講授，藉機培養幹部教學能力，磨練幹部訓練經驗，充實幹部學習素養，強化部隊訓練水準，提升部隊戰鬥能力。

　　根據以上介紹，已充分說明我們這一班隊的創辦，主要在培養學生能夠成為一個文武全才的游擊鬥士，除了為異域反共游擊隊的生存發展，貢獻全部心力外，更要為反攻復國大業，做出犧牲奮鬥，共同來完成國家及軍隊所交付的神聖使命。

　　本班全部教育訓練課程，終於告一段落，學業順利圓滿結束，當然，在一年的學習過程中，讓我們全體同學受益匪淺，對日後的軍人生涯產生極大的助益。尤其在訓練期間，師長們一再懇切的訓示：首先期望我們全體同學確實體會今後究竟為何而戰？是要為反攻大陸，解救同胞，實踐三民主義而戰。為誰而戰？是要為自己，為家人，為

同胞，為軍隊，為國家而戰。其次要求我們全體同學，實踐「三學精神」，所謂「三學精神」，是指「哲學、科學、兵學」三者之簡稱，不僅是一門高深的學問，也是身為現代軍人必修的課題。在哲學方面，要求我們徹底學習與瞭解待人接物的態度與道理；在科學方面，要求我們正確學習與運用科學辦事的方法與技巧；兵學方面，要求我們認真學習與磨練帶兵、練兵、用兵與打戰的本領及技能。唯有確實體認三者真正的精神及內涵，才能培養高尚的軍人魂，炙熱的愛國情操，無畏的奮鬥勇氣，果敢的犧牲決心，明瞭自己在國家艱苦危難之際，必須付出極大的犧牲代價，在民族危急存亡之秋，應該肩負起神聖的責任與使命，進而為國家、民族、軍隊、個人，爭取最高的榮譽。

我們這一班隊，經過一年的嚴格軍事教育與訓練之後，不僅為異域反共游擊隊培養出一股生力軍，也為怒江縱隊訓練了一批基層幹部，使我反共游擊陣營如虎添翼一般，尤其對於游擊部隊幹部之補充、素質之提升、戰力之增強，已經產生指標性作用，所以，日後在與緬軍聯合共軍合擊我軍作戰過程中，就有數位同學因為表現優異，勇敢殺敵致果，曾經當選為戰鬥英雄，證明本班之教育訓練成就果然非凡，不負長官期望！

總之，凡接受本班教育之薰陶、訓練的琢磨，必然能夠培養每一位受教學生確實瞭解哲學、科學、兵學三個層次的真正意義與本質之所在。例如：在哲學層次上，要懂得個人生死問題，明瞭自己待人接物的基本態度與道理。在科學層次上，要明了科學辦事的方法與技巧，充分體認大學之道所謂「物有本末，事有終始，知所先後，則近道矣」的精神與內涵。在兵學層次上，要徹底明了帶兵、練兵、用兵方法與技巧，使其產生心領神會作用，發揮舉一反三功能，執行上級所交付任務時，必然得心應手，駕輕就熟，並能順利圓滿達成。這些

真正的意義、本質、道理、方法與技巧，正是一個游擊隊員必須具備的知識與素養，因此才能懂得所謂「正正當當做人，實實在在做事，轟轟烈烈戰鬥，慷慷慨慨的犧牲」的人生道理。不致發生所謂「糊塗官，帶糊塗兵，打糊塗戰，糊糊塗塗的輸了」情事。

► 參與收回空投補給篇

　　所謂「千里迢迢，不辭辛勞」。一九五九年間，敵我對峙情勢日漸緊張起來，除緬甸空軍經常飛臨我軍總指揮部所在地江拉，進行轟炸之外，地面部隊也對我軍前線南端與南眉一帶據點，實施間歇性騷擾式砲擊，真正的動機是想製造恐怖氣氛，藉機造成我軍疲勞，擾亂我軍心理，瓦解我軍士氣，達到「不戰而屈人之兵」的目的。

　　由於緬甸軍隊不斷對我前線進行騷擾性砲擊活動，逼使我軍加強防衛措施，積極整裝備戰，隨時應付戰爭衝突危機。惟因當時我異域反共游擊隊各單位新兵員額大量增加，武器裝備不夠分配，竟有部分單位以兩位戰士共用一枝步槍的窘境，在此情況之下，總指揮官柳將軍基於時間緊迫，必須採取應變措施，毅然決定向國防部情報局提出支援計畫構想，其中主要支援項目，擬請空軍運輸部隊對異域游擊隊實施遠距空投運補作業，以補充所需武器裝備，使異域游擊隊有足夠的自我防衛武器裝備。

　　總指揮官柳將軍提出計畫構想後，立即獲得上級長官同意，並由國防部指揮空軍總部對於計畫之執行相關事宜，作周密的規劃與充分的準備，確保空投運補作業任務，能夠盡快付諸執行，順利圓滿達成。

　　支援異域實施遠距空投運補作業計畫，係由空軍運輸部隊負責執行，基本上雖屬可行，但任務卻非常之艱鉅，主要因兩地之間，相距超過4,000公里，路程十分遙遠，負責執行任務之飛行員，不論體力、耐力、毅力，均面臨新的挑戰，同樣的飛機機械性能是否經得起遠距、持續、正常之運作，也將受到嚴格的考驗，為了迎接新的挑戰與考驗，人機負荷勢將格外地沉重。

　　當時我自由祖國空軍運輸部隊的現役運輸機型，僅有Ｃ－４６、Ｃ－４７，及Ｃ－１１９三種，且三型機齡也相當老舊，而負責對異域執行遠距空投任務之機種，多以Ｃ－４６單一機型為其主力，尤其在執行任務過程中，因我運輸機無法在中途任何國家或地區，作臨時性停留或加油，必須從事遠距不著陸長途飛行，其任務之艱鉅情況、飛行員之辛勞、機械疲乏與耗損程度，由此可想而知。

　　我自由祖國空軍運輸部隊，飛往異域實施遠距空投運補作業，均在夜間進行，所幸空投點選擇在總指揮部所在地──江拉盆地，飛行員可沿著湄公河逆流而上，並能順利找到目標區，真可謂「天無絕人之路」。

　　每當有空投運補作業之夜晚，我軍駐防江拉地區部隊的各單位官兵必須全員出動，我們學生隊當然也不能例外，必須全員參加，按時到達指定責任區，以兩人為一組，每組就地等待，散佈在空投點的每一個角落，使其滴水不漏，隨時準備收回空投物資，所有參與官兵，整夜無法睡眠或休息，因為依據作業規定，凡在官兵肉眼可以看到，或耳朵聽到範圍內之空投物資，必須即時檢視、查對、收回、集中、看守，等天亮之後，還需全員出動，對空投區展開地毯式搜索，避免有漏網之魚，直到全部空投物資完成回收作業，才能收工回營休息。

　　我自由祖國空軍運輸部隊，所以能夠前往異域──江拉盆地，執行遠距空投補給作業，並順利圓滿完成任務，主要依靠三項因素：第一、先由外交部門透過外交管道，將我空軍運輸部隊之陸空聯絡軍官自臺灣送往泰國，再由泰國轉往異域，負責空投作業時陸空聯絡任務。第二、一九六〇年代，中南半島國家除北越與緬甸之外，其餘各國與我均保持友好關係，我空軍執行遠距空投補給任務，運輸機可自我國南海，沿著湄公河向北飛行，並可抵達目標區，又因江拉盆地與湄公河之間，相隔僅有兩公里，空投目標點容易尋找。第三、江拉盆

地全都為稻田，江拉地面駐軍於約定時間，在江拉盆地中央，使用大量柴火，燃燒成大型英文字母，方便空軍飛行員識別，除風勢過大之外，所有空投物資均能準確落入目標區，不致發生漂離盆地太遠，或有遺失情況，使收回作業更為容易，且能在最短時間內迅速完成。

　　一九五九年間，我們終於完成軍事教育訓練，每個人懷著依依不捨心情離開教育訓練基地大本營，但腦海裡時刻牢記，一年來大夥所學的三大中心課題，「作好人，辦好事，帶好兵」。因為我們一旦離開校門，須立即擔任帶兵官，肩負著帶兵、練兵、用兵的重責大任。唯有認真力行實踐此三大中心課題，帶兵工作才能勝任愉快。

初次走上火線篇

　　所謂「養兵千日，用在一朝」。一九五九年間離開校門之後，作者隨即奉命擔任前線戍守任務，保衛後方基地安全，使我異域游擊基地，能夠在安定中求發展，在發展中求進步，在進步中求壯大，進而強化部隊陣容，提升部隊戰力，為反攻復國大業做好周全之準備。

　　所謂「屋漏偏逢連夜雨，水急又遇打頭風」。本單位接防前線任務之後，由於正逢雨季來臨，守備據點的環境非常惡劣，在一個月的戍守任務期間，我全體官兵們從頭到腳，不論衣服或裝備簡直沒有一天乾過，每天都在濕透與泥濘中生活。至於原因有下列兩項：其一、因緬甸守軍長期對我軍進行間歇性騷擾式砲擊活動，每天行禮如儀，從來不曾間斷過，而且每小時射擊一次，以致我軍官兵大部分時間，都得蹲在集水至腰部的碉堡內或戰壕裡；其二、由於當時正逢雨季，防守據點又緊鄰河岸，地勢較低，碉堡及戰壕內之積水，始終無法退去，我軍官兵的軍服與鞋襪以及武器裝備，在一個月時間裡從來沒有乾過，導致每位官兵睡眠嚴重不足，人人顯得疲勞不堪。

　　執行前線戍守任務期間，雖然僅有月餘而已，但卻讓我們吃盡苦頭，所謂「吃不飽，穿不暖」，在這裡充分表露無遺。因此，上級長官為了體諒參與戍守官兵辛勞，將每一單位戍守前線任務時間，原則上由三個月縮短為一個月，不論前線情況如何危急，也得如期調換防務，好讓戍守前線官兵，能夠回到後方稍作喘息，否則縱然是鐵打的漢子，精神與體力，恐也無法負荷，可見情況之艱難。

　　擔任前線戍守任務雖然暫時告一段落，但並未因此帶給我任何的興奮，反而留下無比的傷痛與遺憾，因我所負責帶領的分隊，在戍守前線期間，有一位戰士於奉命擔任前哨任務時，卻不幸為國家、為

軍隊犧牲了自己的性命。這位為國犧牲的戰士，姓「魏」，名「仁民」，果真名符其實，為國家與人民付出了個人的犧牲。

魏戰士出生雲南省滄緬自治區的少數民族——佤族，因不滿共黨專制極權統治，為爭自由、反共產而離鄉背井，專程前來加入異域游擊隊，不料，從此踏上不歸路，竟在異域為國捐軀，可見人生的道路，是很無常的。

魏戰士為國捐軀時，年僅十九歲，他平日為人和藹可親，嚴守紀律，服從命令，不論在擔任戍守前線任務，或執行游擊作戰任務，皆能盡忠職守。尤其他生性膽識過人，勇猛善戰，身在前線，常置個人生死於度外，表現卓越，貢獻非凡，確實是一位難能可貴的游擊勇士。

魏戰士不幸在異域為國犧牲，不但是我自離開幹訓班、擔任帶兵官以來，首次受到極重大的損失，讓我一生都難以忘懷，由於魏戰士犧牲時，遺體隨即被水沖走，之後數日不見蹤影，當我們在陣地前方河流沙洲上，找到他的遺體時，已經膨脹得像顆大氣球一般，因位在敵前明顯之處，根本沒有時間及機會辦理相關遷葬事宜，最後只有委派當地撣族居民代為辦理安葬事宜。

魏戰士為國犧牲至今，為時已經半個世紀，但我心中依然耿耿於懷，期在有生之年，能夠舊地重遊，並親自為他獻上一束新花，表達我誠摯的敬意與無限的追思！

這樣艱苦的戍守任務，最後上級基於人道考量，同意採納官兵反映意見，即時採取補救措施，將每三月換防一次計畫，改為每月換防一次，讓官兵能夠獲得適當之休息機會，避免影響官兵健康，打擊官兵士氣，影響部隊戰力。

我們戍守前線任務時間雖然僅有短短的一個月，但時刻都須面對緬軍砲擊帶來的危險，任務格外辛苦，所幸我軍防禦工事牢固，並未

造成嚴重傷亡情事。不過對我而言，自從離開學校之後，第一次出征，結果出師不利，造成部屬傷亡，對我來說，打擊實在不小，心中的自責與愧疚更是久久難以釋懷。由於魏戰士的犧牲，也或多或少影響我個人日後的人生觀，以及待人接物的態度，只希望在有生之年，能好好的愛護自己，珍惜目前所擁有的一切，快快樂樂的生活，高高興興的過日子，就已經夠了，其他都無所謂，也沒什麼好計較的，所以奉勸讀者，凡事看開一點吧，相信大家將會有意想不到的收穫。

　　我異域反共游擊隊在緬甸居留期間，表面上雖是占領軍，但事實上，處處受到限制，凡事處於被動地位，行動常受掣肘。其原因是上級對官兵約法三章，任何人不得違背，否則唯一「死罪」伺候。首先任何人不得主動向緬軍挑釁，縱然兩軍遭遇，除非緬軍先開火，否則我軍不得主動挑起戰端；其次如有緬甸軍機前來轟炸，在炸射之前，我軍不得先行開槍射擊。所以緬軍進行火砲試射，常以我軍前線陣地之碉堡及營舍為目標，一不小心可能成為敵人的活靶子，若非有強忍的耐性，很容易發生擦槍走火事件，引起國際糾紛，到頭來落人口實。雖然不能做到「打不還手」地步，但至少需要做到「不先動手」的基本要求。

　　我異域反共游擊隊終究屬於外來之侵略者，未經地主國同意，強占他國領土，簡直是另外一種帝國主義的翻版，如今談論起來，實在使人有些汗顏。唯一的區別是，以前的帝國主義者是「有家不想歸」，而我軍卻是「有家歸不得」或「無家可歸」。游擊隊既然暫時寄人籬下，必須保持低姿態，多少得給緬甸政府軍顧到面子與裡子，留點尊嚴，否則一狀告到聯合國，麻煩可就跟著來了。

走過金三角

送客進入寮國篇

所謂「送君千里，終須一別」。我異域反共游擊隊雖然駐紮在遙遠的緬甸「金三角」地區，但是與自由祖國政府機構及民間團體仍舊保持密切連繫管道，並建立良好的互動關係，其中接觸較為頻繁者，如外交部、經濟部、僑委會、大陸災胞救濟總會、中華民國紅十字會、中國國民黨海外工作會等駐外單位，以及緬、泰、寮三國之華僑商會等。所謂「德不孤，必有鄰」，我們游擊健兒人雖流落異鄉，卻從未感到有過孤獨和寂寞。

本單位已奉命參與猛八寮機場興建工程，在部隊出發之前，全體官兵正積極準備移防作業之際，作者卻突然奉命，專程護送貴賓轉往寮國訪問，擔任領隊任務。至於這位遠道而來之貴賓，不是政府官員，也非軍事將領，而是前大陸災胞救濟總會秘書長。

作者參與此次護送任務，臨時擔任領隊角色，但參與官兵僅有三人而已，除作者之外，另有兩位戰士，均係來自不同之單位，其中一位來自總指揮部，主要負責掌廚工作，另一位來自騾馬隊，主要負責照料馬匹工作，當然還有兩匹馬，其中一匹提供貴賓騎乘，另一匹負責補給品、炊具及行李等駝運工作。

出發日我等參與任務官兵特別起個大早，帶齊裝備與馬匹，於約定時間及地點，準時向主辦政戰部門報到，除聽取任務簡報外，就地待命，等待貴賓用過早餐，辭別主人之後，即可出發上路，前往目的地──寮國。

我等前往寮國一行，自總指揮部所在地江拉出發，由西向東橫渡湄公河，向目的地寮國猛信前進，任務期間共計四天，往返分別各為兩天。進入寮國領土，按照慣例，除非事前經過協商，或已知會寮國

方面同意，否則我軍不能公開攜帶武器進入寮國國境，以免影響雙方
關係，傷害彼此之互信，以維護寮國政府尊嚴。但是基於預防突發狀
況，我等仍暗中攜帶手槍過境，以備不時之需，另也透過外交途徑，
商請寮國政府派軍支援，沿途協助護送，以防途中遇到寮共游擊隊襲
擊，而危及貴賓安全。

　　我等一行人馬渡過湄公河之後，準時抵達寮國邊境口岸檢查哨，
但尚未見到寮國友邦支援士兵蹤影，大夥只好在口岸哨所等候。多年
來寮我兩軍，雖然隔河守望相助，但面對面打招呼與對話，對我來
說，這還是頭一遭。我個人原本抱持好奇心理，一心想前往寮國一探
究竟，不料初次看到四位寮國友邦士兵，印象並不怎麼好，他們不僅
姍姍來遲，晚到了半小時，而且見面之後，竟然個個無精打采似的，
一副懶散模樣，真讓人感到有些失望。不過，他們終究是前來支援的
友軍，我等仍然需要保持友善態度，並以禮相待，不能因而損害雙方
未來數日需要朝夕相處的伙伴關係。

　　從表面上看，我軍性質雖屬游擊隊，但實際上，也算是一支有組
織、有訓練、有紀律的隊伍，執行上級交辦任務，一個命令，一個動
作，絕對沒有絲毫馬虎餘地；而眼前所看到的寮國士兵之景況，好像
在警告我們，未來的行程我等必須隨時提高警覺，預防突發狀況不能
完全依賴寮國友軍，否則安全堪慮。

　　中寮兩軍會合之後，在隊伍出發前，作者特別商請四位寮國友軍
全都走在隊伍前方，除可擔任嚮導外，也能肩負斥候任務，預防寮共
埋伏或襲擊。可是隊伍前進約一小時光景，四位寮國友軍隨即顯得有
氣無力，紛紛藉口方便機會，相繼全都落在隊伍後方，使原先計畫前
進隊形，全被打亂，我軍反而成為帶頭先鋒，此種無預警脫隊行為，
讓我等感到無奈，經再三請求寮國友軍能按照原先隊形前進，可是始
終未見改善，最後我軍只有自求多福，單獨行動，兼程趕路，任由四

位寮國友軍慢條斯理落在隊伍後面，我等四人已經提前到達駐宿地點，主廚也燒好晚餐，四位寮國友軍這才又姍姍來遲。

經過這次合作機會，終於讓我看到寮國友軍，除了體能欠佳之外，軍紀更是差到不行，例如沿途所經之處，每當看到民眾家中有什麼好吃的或好喝的，順手拿了就走，好像自家的一般，從不問售價，也不曾付費，弄得民眾「怨聲載道」，可見他們平日似乎習慣了，縱然百姓辱罵，也毫無所謂，一副不在乎模樣，其臉皮之厚、行為之差、態度之劣，簡直與土匪沒什兩樣，實在不可思議，也無法想像，可真讓我們不敢領教。

我們看到這種情形，實在也無能為力，愛莫能助，因為我們終究是客人，不能管到主人家裡的事，再說也無權管，否則就是干涉他國內政了。難怪寮國境內，到處都有寮共的蹤影，且還能夠普遍獲得民眾的支持，由此種種現象來看，不是沒有道理的。

置身在異域，不論當地民眾或我們游擊健兒，平日生活飲用水，全都是生水，也就是說，不論天然的泉水、河水、江水、溪水、雨水或井水等，當人們口渴了，舀起來就喝，除了煮菜燒湯之外，將生水煮開來喝者，的確少見。為了來賓飲水問題，也讓我們鬧了許多笑話，當然主要是因為我們彼此之間的生活方式的確差距甚大，在認知上也不盡相同，尤其飲食口味更是「南轅北轍」，在三天兩夜短暫相處過程中，雙方無法迅速產生交集。尤其每天貴賓的早餐問題，更是讓我們傷透腦筋，不僅難為了我們隨隊主廚，也讓貴賓大失所望，例如煎荷包蛋一事，在我的記憶中，似乎從來不曾讓客人滿意過，只因我們苦生活過慣了，有時連溫飽都成問題，哪裡還有挑剔或選擇餘地，想要求我們做出現代文明人的食物水準，那是不可能的任務，也有點強人所難。在三日的護送過程中，對於貴賓生活照顧方面，不但難為了我們三位「武夫」，也讓客人吃足了苦頭，我們雖然已經盡

力而為，但仍舊無法讓客人感到滿意，其過程猶如雲南諺語所形容：
「三個廚師一個客，忙死廚師餓死客」，的確最為恰當。

　　貴賓不遠千里而來到達異域慰問游擊健兒，雖然備嘗艱辛，但卻
帶給兵官無比的鼓舞，作者回國之後，曾經打算登門拜訪那位貴賓，
表達愧疚於萬一，唯因沒有找到適當管道與機會而作罷，為此深感
遺憾。

走過金三角

▶ 雙手果真萬能篇

　　所謂「天下無難事，只怕有心人」。我等自幹訓班畢業之後，全體畢業生被編入游擊隊第九師，而本師首要任務、也是刻不容緩的工作，是參與「猛八寮機場」之建築工程，又簡稱為「大興碼頭」的建築工程。我等這批新進菜鳥，連停在地面的飛機模樣都還未曾見過，如今卻奉命參與機場之建築工程，心中難免感到有些莫名的興奮與不安。興奮的是，自己即將成為工程專家，不安的是，個人自出生以來，雖然歷盡各種苦難，吃了不少苦頭，受了許多折磨，但從事參與工程這種苦差事，到還是頭一回，實在不知道自己能否撐得下去？

　　機場建築工程地點位於湄公河畔（在中國境內稱為瀾滄江，係發源於青海唐古拉山，其特點與怒江上游類似，在中國境內長2,153公里，流經緬甸、寮國、泰國、高棉、最後至越南注入南海，所到之處，多屬高山峻谷，海拔1,900公尺，水面寬約百餘公尺至數百公尺之間，河床坡度很大，水流非常湍急，自緬甸與寮國交界處之江拉上游，始終無法航行船隻），建築一座軍用運輸機場，以減輕我空軍飛行員執行長距離不著陸飛行所帶來的勞累和危險。

　　所謂「工欲善其事，必先利其器」。但此次機場建築工程，任務十分艱鉅，因為建築過程中，並無任何現代化機械可以支援，全部工程都得靠官兵的雙手，也就是採最原始的施工方法——用鋤頭、圓鍬、鐵鎚、十字高、手推車、扁擔、畚箕等，最簡單也最基本的工具與方法來完成，工程之艱鉅程度，由此可想而知。

　　所幸建築工程之主辦部門，在施工之前對於工程之進行已做好周詳的規劃、充分的準備、適當的調度，在施工過程中，各級幹部又能以身作則，全程參與，和士兵們同甘苦，共患難，上下一心，和衷共

濟，全力以赴，完全效法「愚公移山」精神，日以繼夜，不眠不休，如期完成這項不可能的任務，發揮了「人定勝天」的偉大創舉。如今憶起往事，還真覺得有點不可思議，證明了人的雙手，果真是萬能的，每個人的潛力的確是無限的，實在一點不假。至於機場建築工程之經過情形，分別介紹如後。

在工程人員編組方面：原則上，各單位仍然維持部隊原有編制，以作者所隸屬的第九師第二十八團而言，全體官兵都得參與其事，至於我等幹訓班畢業生，則係以擔任班級以上領導幹部為主，至於其餘單位參與建築工程之官兵，總人數已經超過千餘人。

在工程時間安排方面：原則上，每天工作時間，自上午六時起展開，至下午六時止，但因所有工程，係採取責任包工制，本團負責緊鄰湄公河畔之東段工程土方之開挖，平均每天工作時間總計在十二小時以上，期間除用餐時間之外，幾乎沒有所謂休息時間，簡直到了所謂「日以繼夜」地步，例如每逢明月高掛的夜晚，縱然到了深更半夜，工地上仍舊大有人在，幾乎陷入所謂「不眠不休」的動員狀態。

在工程所需器具方面：所有建築工程之進行，其工具僅有鋤頭、十字高、圓鍬、鐵鎚、畚箕、扁擔、手推車等工具，屬於最傳統，也最原始的工程器具。

在工程所需材料方面：全部建築工程項目，計有土方、石頭（其中有大石、中石、小石）、沙子等。其中土方之來源，則是剷平跑道盡頭之一座小山丘，達到地盡其利、物盡其用的目的。至於石材之來源，則要求戰士們利用下工時間，集體前往河邊游泳兼洗澡，除讓官兵鍛鍊游泳技能外，也利用機會找尋所需石材及沙子，並將所尋獲之沙石材料，放置在各單位責任範圍指定地點，於次日上工時，順便搬運至施工地點，充分運用了所謂「螞蟻搬家方式」，解決所需石材問題，作法也很特別。但此部分因係採取以量計價方式處理，象徵性發

點搬運費，獎賞參與官兵，以資鼓舞士氣，激勵工作情緒，目的在使機場建築工程，能夠按照預定進度，如期順利完成。

在工程時程方面：機場建築工程原則上需要在六個月內完成全部興建工程。工程進行期間，除星期天可自由決定休息或工作之外，其餘時間，需要全天候施工，以確保工程能夠如期完成，可以想像當時工程之辛苦程度。

本單位在機場建築過程中，唯一留下一件令人遺憾的事，就是在進行土方挖掘中，竟然發生坍塌事件，結果造成意外事故，犧牲一位羅姓戰士，羅戰士隸屬於本團隊之一員，他不幸為國家犧牲，並為建築猛八寮機場工程而罹難，所付出的犧牲，謹此表示崇高的致敬與無限的追思。

由於「機場」跑道東面盡頭，緊鄰湄公河，於竣工同時，附帶建築一座運輸碼頭，可供來自泰國逆流而上之動力船隻停靠，故將「機場」又命名為「大興碼頭」。主要目的，有下列兩項因素，一方面，此碼頭竟然具備水陸兩用功能，使它名符其實，兩者兼得，所以命名為「大興碼頭」，理由非常充分；二方面，為掩人耳目，達到欺敵目的，所以名稱避免出現「機場」字眼。

所謂「大興碼頭」，其中「機場」部分，總長度一千兩百公尺，寬度兩百公尺，僅有一條跑道，若以湄公河水平面為準，海拔僅有約一百公尺之間，且四周又有群山環繞，飛機起降作業，場地並不怎麼良好。不過最大的好處是，飛機一旦起飛，即穿過湄公河，進入當時我國之友邦寮國領空，再轉回湄公河，然後沿著湄公河上空飛行，具備兩項優點：其一、位置明顯，飛行員容易尋找目標；其二、湄公河流域，分別屬於緬、泰、寮、柬、越等國之間天然國界，避免引起不必要之國際糾紛。至於碼頭部分，完工之後，可供來自泰國之動力船隻停靠。

　　機場全部建築工程，歷經六個月的工期，終於在一九六○年秋天大功告成，準備舉行盛大的迎機儀式。機場屬於配級型跑道，足可提供自由祖國空軍各類運輸機種起降。尤其「大興碼頭」之建築工程，係由國軍特種部隊之工程師，全程參與指導，並與我異域游擊隊官兵，和衷共濟，同心協力，日以繼夜，全力以赴，使機場與碼頭建築工程，終於能夠如期順利完成。

▶ 舉行盛大接機儀式篇

俗諺所謂「千里送鵝毛，禮輕人意重」。「大興碼頭」工程落成啟用之時，當地氣候已經到了雨季（每年四至十月為雨季，在此期間每天都會下雨，並以下午降雨機會較多）時分，不論大雨或小雨，每天總會有雨出現，有時甚至會出現雲層或濃霧，多少難免影響到遠道來自祖國空軍運輸機起降作業，但我國空軍健兒飛行技術精湛，不管環境多麼惡劣，氣候如何變化，仍舊按照預定計畫，冒雨飛臨大興碼頭起降，其冒險犯難精神，實在令人敬佩。

大興碼頭機場啟用之後，首先令人印象深刻者，莫過於第一架從自由祖國前來的空軍Ｃ－46運輸機，降落在跑道頭的一剎那間，全體游擊隊員瞬間歡聲雷動，給予熱情地歡迎，施工單位全體官士兵特別舉行盛大「接機儀式」，迎接飛行員踏上異域緬甸國土。許多游擊戰士看到祖國空軍運輸機遠自臺灣飛抵此地，都興奮無比，熱淚盈眶。官兵們一湧而上，將全體飛行員高高地舉起來，其迎接盛況及感人場面，實不亞於目前影迷或歌迷們迎接巨星或偶像蒞臨機場之熱烈景象與氣氛。

空軍運輸機第一趟試飛任務，機身沒有任何標誌，飛行員頭帶船行帽，身穿灰綠色飛行裝，腳穿黑色高筒皮鞋，但飛行服裝上並無任何配件，如肩章、領章、背章等。機艙內沒有攜帶任何武器或裝備，只帶來總統蔣公暨全國同胞的慰問與關懷，所帶來的慰問品，計有三項大禮，游擊健兒們將其形容為「二香一橘」禮物，其中第一香為「雙喜牌香菸」；第二香為「旗山的香蕉」。至於所謂「一橘」禮，則為「橘子」。凡參加機場建築工程之官士兵，人人有份，每位可以分到雙喜牌香煙一包，香蕉一根，橘子一個，雖然「禮輕，但人意卻

很重」。因為眼前所呈現的，竟然是自由祖國臺灣同胞無限的慰問與關懷，一時之間，讓游擊健兒們「甜在口中，暖在心裡」！

此次千里而來的禮物是我們有生以來，第一次獲得自由祖國——臺灣，遠道運送前來的慰問品，官兵們感動萬分，歡喜無比，甚至有的戰士連香蕉皮也把它吃下肚，充分顯示大家對與此三項禮物感到彌足珍貴，簡直如獲至寶。頭一次嘗到自由祖國臺灣香煙的滋味，香蕉的芳香，橘子的甘甜，果真所謂「苦盡甘來」。

自此之後，便相繼有自由祖國各式武器裝備，源源不斷地自臺灣運來，使我異域游擊隊所需武器彈藥適時獲得補充，對於軍心的穩定、士氣的鼓舞、戰力的提昇，均產生極大的作用；另國軍教導總隊－特種部隊隨之亦紛紛抵達，使游擊隊所需教官人才即時得到支援，以強化教學陣容、提昇教學品質、提高部隊素質、增進作戰能力。

故總統經國先生曾經以國家安全會議副秘書長身分，代表先總統蔣公前往異域慰問游擊部隊，鼓舞官兵士氣，充分顯示政府對異域游擊隊的重視程度。記得當經國先生下機剛離開機場，他所搭乘的空軍Ｃ－46專機，剛起飛返航不到十分鐘，即有緬甸軍機臨空實施轟炸，所幸除跑道被炸了一個窟窿之外，並無人員傷亡，也無設施損害情事。不過，由這一事件也充分顯示，緬軍的情報戰也不容忽視，我軍必須進一步加強情報封鎖措施，並請求上級運補五〇重機槍，增加防空裝備，強化防空武器，以阻止敵機再度來犯，確保大興碼頭之安全。

▶ 負責訓練生力軍篇

所謂「單絲不成線，獨木不成林」。本單位剛調離大興碼頭，還沒獲得適當的休息整補機會，隨即又開始執行另外一項計畫，究竟何種計畫呢？實際上，是要負責設置訓練中心，從事新兵訓練任務，以提升官兵素質，培養部隊戰技，強化部隊戰力，為未來的戰爭做好萬全準備。

可是這項工作，看似很簡單，事實上卻不容易。首先必須在上級指定地點開闢基地、興建營房，其營區建築物種類，計有寢室、教室、禮堂、餐廳、廚房、浴室、廁所等，另外場地部分，還有操場、籃球場、戰鬥教練場、射擊靶場、障礙超越場等，而這些建設工程，全都得靠本單位全體官兵使用自己的雙手來完成。

至於建築材料部分，除屋頂採用茅草之外，其餘全部使用竹子，不過竹子全都是野生的，滿山遍野隨處都有，數量之多，已經到了「取之不盡，用之不竭」的地步，而且完全免費，任何團體或個人凡有需要盡可自由取用。戰士們以一個星期的時間，準備所需各類建築材料，再以一個星期時間，挖地基填土方，最後再以兩個星期時間，進行有關房舍之興建工程以及場地整理工作。

訓練中心興建完成之後，又經過一星期的時間，從事有關訓練準備工作，自開始到結束，僅僅以五個星期的時間，就使新兵訓練得以正式展開訓練工作，其速度之快，效率之高，不僅讓長官感到無比的驚訝，連我們自己也感覺有些不可思議。

訓練中心落成之後，大營門正中上方懸掛以木枝拼成「猛八寮訓練中心」七個大字，頗具原始與草根味。其中「猛八寮」三字，是因該地名叫「猛八寮」之譯音而來。訓練中心最大容量每梯次可容納兩

百餘人，中心指揮官則由第十師師長胡將軍兼任，教官人選則由來自祖國——臺灣特種部隊所屬分遣隊軍士官擔任，因此，不論訓練方式及要求標準，完全與臺灣一致，唯一不同的，就是在實彈射擊方面，依舊僅有三發子彈，因為彈藥補給不易，只好省著點用，以免影響未來正式作戰任務需要。

　　由於敵我對峙態勢日趨緊張，新兵訓練時程無法按照標準制度進行，遂將每梯次縮短為一個月，訓練時程與國內相較，足足少了一半，因為早期國內新兵訓練時程區分為兩大階段，每階段時間計有八週，所謂「前八週，後八週」，前八週屬於新兵訓練中心之職責，後八週屬於部隊之職責，也就是新兵分發部隊之後，必須再進入基地之後，完成八週之通識與專科訓練，使其成為一位稱職之戰士，有能力擔負保國衛民之重責大任。

　　這種權宜措施，若以現在的角度來形容，簡直就像時下所流行的「速食麵」一般，當然主要原因，也是想爭取更多訓練時間，讓更多新兵能有機會進入訓練中心，接受基本軍事養成訓練，使其成為一位標準的革命戰士，有知識、有能力迎接未來各種考驗和挑戰，以增強我軍之戰力。

　　本梯次訓練期間事實上也並不平靜，先後遇上緬甸軍機二次飛臨中心上空光顧，不過還好我們事先已有心裡準備，而且基地位置特別選擇在山谷之間，再加上緬甸空軍飛行員的炸射技術實在有夠差勁，並未造成我軍任何傷亡及損失，就連大片營區房舍亦絲毫未損，令人額手稱慶。

　　訓練工作剛過了第七週，前線戰事已經開始吃緊，最後上級指派本單位赴前線換防，參與所謂「南滇保衛戰」，以考驗新兵的訓練成果是否達到「學以致用」目的。兩單位防務交接時間，預訂為某日上午六時整，五時三十分前，當時本單位已抵達防線後方叢林中待命，

可是萬萬沒想到，這時候大家眼前所看到的，是前方傷兵接二連三抬回來，對於第一次參加作戰的新鮮人而言，難免影響心理，戰士們感到忐忑不安，不過還好大家抱著「不成功，便成仁」心情，既然有勇氣敢來參加游擊隊，當然也不會是貪生怕死之輩，只是初次面對這種血淋淋的戰爭情境，新兵們心裡難免有點毛毛的，感覺不是滋味，每個人心中或多或少不免在嘀咕，但願下一個受傷者不會是自己，如果遇到這樣的後果，那可就不好受，而且會給自己與單位帶來不少的煩惱問題。因為在戰爭期間，部隊縱然犧牲了一位戰士還沒什麼，一了百了；可是一旦有人受傷，還得指派專人負責照料，會產生「雪上加霜」的消耗作用，帶來更多負擔。所以，前者是負負得正，後者卻是負負得負。

接受艱難任務篇

　　所謂「只聞樓梯響，不見人下來」。經歷月餘的不眠不休，執行戍守前線任務，本單位終被換回第二線整補待命，戰士們獲得休養生息機會，不過在缺乏預算情況下，上級無法給戰士們任何獎賞，唯一的福利是准官兵們放一週特別假，以表達上級慰勞之意。實際上，當時因受時空環境限制、敵我對峙局勢影響，凡我游擊部隊基地附近的各部落居民早已人去樓空，既沒地方可去，也沒什麼好玩，戰士們僅能利用休假機會，從事洗滌衣物、保養裝備、補充睡眠、玩撲克牌、閒聊天南地北之外，也不時走到溪邊或野外，從事捉魚、摸蝦、找野菜、設陷阱抓野味等活動，大夥自由自在，沒有任何約束，也無心理負擔，此次難得假期，是我離開幹訓班之後，甚至進入游擊隊以來，日子過得最為輕鬆，最感愜意的一段美好時光。

　　一週假期終於結束，部隊恢復正常操作活動，每天忙著展開各種教育訓練工作，藉機培養戰士們的戰鬥技巧，以強化部隊戰鬥能力。訓練課目方面，其中在靜態部分，重點在於強化官兵心理建設，鞏固官兵心理防線，避免產生畏懼心理，培養克敵致果勇氣，發揮「攻無不克，戰無不勝」的戰鬥精神。至於在動態部分，重點擺在加強班的戰鬥教練，以磨練戰士們的戰鬥能力，增強作戰技巧，使每一位戰士一旦走上戰場，都能善用平日所學，將所有戰鬥能力與技巧發揮得淋漓盡致，有能力應付未來可能面臨的各種危機，隨時準備接受任何挑戰與考驗。

　　某日傍晚時分，長官突然邀我磋商，討論有關出任務事宜，並要我做好心理準備，負責執行一項特殊任務，並於次日傍晚出發，前往猛八寮撣族部落，從事瞭解狀況，蒐集敵情，伺機逮住緬方所派來之

間諜。因為根據消息來源，有一緬軍女子間諜，即將滲透我軍控制地區猛八寨，進行蒐集我軍機場情資，瞭解我軍部屬情報。長官特別交代，如果情況許可，盡可能將她逮捕，除了解滲透目的外，也藉機獲得緬軍情報，提供我軍防衛作戰參考。

以作者個人經歷，不論執行何種特殊任務，應該不是一件困難的事，但這次任務，卻是一項煩惱的事。原因是這次任務對象竟然是一位女性，不論她人長得美醜、胖瘦、高矮、老少，都不是問題的焦點，而是我真不知如何執行這個任務？奉命執行任務當時，我年方十八而已，平日長年生活在部隊裡，每日在生活中，所看到與接觸到的完全清一色男性，除執行所謂「愛民運動」專案，從事季節性幫助民眾收割稻子或輪派擔任採買之外，甚少有機會見到或接近當地部落異族女性。於是每當見到或遇到，甚至接近女性，總覺得渾身不自在，不僅臉紅、心跳，言行也會有些遲鈍，甚至也有彆扭，或不知所措等現象。而現在長官卻要我負責執行這項任務，且將面對一個未知的敵人，實在有點強人所難。

軍隊紀律嚴明，長官對於部屬要求，只有一個命令，一個動作，毫無討價還價餘地，不論長官下達的任何命令，身為部屬絕對不能說「不」，唯有奉命行事。屬下對於長官交付任務，必須義無反顧接受，不管任務有多麼艱苦困難，都要全力以赴，並盡其所能，圓滿達成，這才是一個革命戰士應有的最高指導原則，也是最大的天職。

接受這項命令之後，我緊張得整晚無法入眠，心中一直存有疑惑，明日所面對的另類敵人需要如何應付？究竟如何使用和平方式，讓她乖乖聽從、「束手就擒」，免得傷了彼此和氣？是否需要採取強烈手段，也就是武力相向，使用五花大綁方式，將她押回隊來，好向長官交差？所謂「男女授受不親」，且又聽常人道：「好男不跟女鬥」，如今可麼辦才好？萬一屆時自己因過於緊張而手足無措，慌

亂一團，讓她趁機給跑了，或因自己發生輕敵情事，而出現錯誤與疏忽，遭受對方下毒手，讓自己枉丟性命，也說不定？這一連串的疑問，始終縈繞在我腦海裡，不過不管如何，未來還是得硬著頭皮，執行這項特殊任務。

次日我依然照表操課，正常執行本分隊之訓練工作，參與部隊活動，晚間用餐之後，我除已做好任務準備工作外，並向長官報備，對副手完成職務交代之後，隨即帶著軍人的第二生命「卡柄槍」、刺刀、兩枚手榴彈、一條繩索，向目標區出發，展開任務之行。

抵達猛八寮撣族部落之後，我首先找到適當地點，展開觀察瞭解敵情活動，採取所謂「守株待兔」策略，但始終不見敵人蹤影，直至次日才無功而返，結束了一趟沒有結果的任務，最後證實，情報消息錯誤，才讓我鬆了一口氣。否則，面對一位女性敵人，結局如何實在難以預料。因為時至今日為止，我仍舊沒有想到當敵人出現時，我究竟應該採取何種方法與手段，制服敵人？或消滅敵人？

▶ 送人回歸天國篇

　　淮南人所謂「生如寄，死如歸」。自從有人類的歷史，就有戰爭，不論古代的傳統戰爭或者是現代化的科技戰爭，交戰的雙方莫不挖空腦子，想盡辦法，其主要目的，是為了要打敗敵人，贏得戰爭的勝利。

　　我異域反共游擊隊雖屬名符其實的游擊隊，但是各單位所占據區域大都已經固定，除遇有戰爭外，部隊極少異動防區。以致時間久了，性質近似正規軍，對於占領區內的管制措施容易出現漏洞，官兵的警覺性難免有所鬆懈。另在占據區域內，並無地方自治行政機關，也無維持治安的警察人員，於是敵人的間諜容易乘虛而入，藉機蒐集我軍情報，或刻意製造謠言，擾亂我軍心理防線，於是破獲敵人的間諜活動案件，時有所聞。不過由於我異域游擊隊盤據範圍多屬偏遠地區，百姓生活簡樸，思想行為單純，不需繳納苛捐雜稅，善盡各項國民義務，以致絕大多數居民，仍舊心向我軍，使外來間諜不易滲透，也就無法進行間諜活動。

　　敵人對我異域反共游擊隊所進行的間諜活動，不外有兩大來源：其一、有來自中國大陸共產陣營，其二、屬於來自緬甸本土緬軍陣營。其主要任務項目為秘密滲透我軍占據區域內，展開情報蒐集活動，兩個陣營雖然各顯神通，但所獲得之情報資源卻由雙方共享。兩個陣營的滲透方式，大多喬裝成商人、僧侶、探親、聯姻、從軍、投誠、媒體記者等身分，作為掩護。滲透管道，可經由中國大陸、緬甸、寮國、泰國等不同地區進入。

　　至於滲透途徑，有水路，有陸路，其中水路部分，無論中國大陸、緬甸、寮國或泰國等，均可經由湄公河，進入我軍占據區內，至

於陸路部分，則更為容易，幾乎四通八達，因此圍堵不易，防不勝防。在短短數年之間，已有許多個案滲透成功，所幸後來我軍獲得當地族群或部落居民提供檢舉資訊，或經由我軍相關反情報部門，自行查到或破獲者，或因從事蒐集情報活動而敗露形跡者，先後被捕人數總計達數十餘人之多，全都關在我軍總指揮部附近之臨時看守所內或地牢裡，以便相關部門進行偵訊作業。

一九六〇年底，緬軍攻勢不斷，雙方衝突日益擴大，情事漸趨緊張，已有部分軍眷先行撤至寮國境內安置，在萬不得已情況下，如果我軍需要撤退至寮國境內，勢將無法帶走所破獲之間諜罪犯，否則將影響我軍行動，其原因不外有二：其一、間諜若隨軍行動，對於部隊將帶來莫大困擾，尤其安全深感堪慮。其二、間諜若隨軍行動，必須耗費許多押解或看守兵力，必然增加我軍負擔，影響我軍行動。經過多方檢討，各級幹部一致認為，應就地執行槍決，才能一勞永逸，減輕我軍不必要負擔，確保我軍行動之順利。

執行人犯的槍決任務，作者奉派擔任實習兼任劊子手，這是我一生之中首次參與這種殘忍的差事，尤其是槍殺手無寸鐵的人犯，心裡難免有些怪怪的。記得在求學時期，所看過的美國西部武打片，一個槍手如果想要殺人，不能為所欲為，挑戰者必須做到：一、要給對手有公平競爭機會。二、要讓對手有還擊機會。三、不可在對手背後開槍偷襲。否則，將被當時的社會與人群所不容。但今天即將被執行槍決者卻是雙手被綁，毫無反抗機會與能力，相對之下，似乎有失公平，縱然槍殺了他們，也是勝之不武，好在突然想到，他們終究是敵人，所謂「有我無敵，有敵無我」。對此，先總統蔣公曾經說過：「對敵人仁慈，就是對自己殘忍」。因此，敵我之間的界定，不是你死，就是我亡，沒什麼好計較與討論的。這也是沒辦法的事，一旦被敵人逮到，不問任何人，只好認命囉！

俗諺所謂「海枯終見底，人死不知心」。執行槍決人犯前夕，負責看管人犯的單位，依照規定，需要辦理下列幾項事務：第一、再對人犯進行審問工作，給人犯最後一次口供機會。第二、詢問人犯有無最後要求或交代事項。第三、讓人犯自行梳洗，穿著自己喜愛的服裝，然後款待最後一餐，除米飯之外，還有酒肉，不讓其死後成為餓鬼。第四、在營區不遠處由游擊健兒先替人犯挖掘掩埋墓穴，每一人犯擁有一處。等這些準備工作辦妥之後，選擇一個中午時分，正式執行槍決人犯作業，當人犯押解現場之後，雙手仍被反綁於背後，分別站在自己的墓穴前，背向執行槍決者，其中第13號人犯，係由作者負責執行槍決，在執行槍決之前，突然有人高喊口號：「中華民國萬歲」！指揮官並未因此而下達停止槍決命令，隨即發出一聲：「解開繩索」口令，其實這一口令，目的是為了減輕人犯心理壓力，其實並非真的要替人犯解開繩索，是代表「開始執行槍決」的意思，不可會錯意。

當執行槍決指揮官而下達此一口令，卻把我給愣住了？突然之間，心情七上八下，一時不知如何是好，只有等候指揮官下達新的槍決指令再說。不料這時只見其他槍手，一陣乒乒乓乓射擊，人犯紛紛倒地，唯獨第13號人犯，由於作者並未開槍，仍然站在原地不動，最後卻由第14號執行者，即時補開一槍，才將人犯擊斃，每一位執行者，發給一點獎勵金，也算是個紅包吧，想必是為討個吉利而已。第14號執行者，當時在表面上，誤以為我的槍枝臨時發生故障，因此代勞補開一槍，了結13號人犯，但實際上，可能是為了爭取那一份獎勵金，也很難說。不過，這時執行槍決任務指揮官，則一臉不高興地朝我走過來，開口詢問：「你為何不開槍？」「什麼原因啊？」我只好回答：「報告長官：非常抱歉！因為我的槍枝發生故障，所以來不及開槍」。指揮官卻又又大聲說道：「以後不可再發生這種情況，平

日要多注意個人武器裝備的保養，否則，敵人的子彈可是不會饒過你的」。我只能回答：「是的，長官。」

不過，經過這一驚人過程，我心裡也開始喃喃自語：「兄弟：我已經盡力，你也不能怪我，請安息吧！或許到了天國之後，除了有上帝會照顧你之外，那裡的生活，想必更加幸福快樂，請安心地去吧。」但願因此而達到諺語所謂：「凡事行其心之所安」，不要讓自己心中留下不好的後遺症。

槍決完人犯之後，接下來再由戰士們，分別除去人犯身上所綁的繩索，並扶正人犯屍體，蓋上毯子，使用圓鍬剷土回填，將屍體給埋了，到此執行槍決人犯工作才算大功告成。可是無數的疑惑與問號始終留在我的腦海之中。不過，有時候也會感覺到，我們對於某些問題，恐怕是永遠無法獲得圓滿答案，只有讓它隨風而逝吧！

接著部隊開始移動，被槍決的犯人得留在原地擔任掩護部隊，他們從此可以徹底獲得解脫，遠離人世間的紛擾和糾纏；或趁機前往天國，享受天國樂趣，成為天國的生力軍，相信也很不錯；或投胎轉世，重新做人，二十年後，又是一條好漢，做一個對於國家、社會、人群有用之人；或下地獄，做一個奴隸，任由魔鬼指使，過著悲慘苦難生活；或就地稱王，成為該地區新的占領者、領導者，過幽靈人口一般似的生活。至於他們以後是否聯合起來，進行集體抗議或申冤？有無申訴管道與對象？恐怕只有上帝才知道了。

所以「13」雖然只是個數字或號碼，但是有生以來，一直是我最喜歡的數字或號碼，大概也因這一緣故吧。當然，在我的生命中，與「3」這數字，時常有許多牽扯與關連，或許也正是一種巧合。

走過金三角

▶ 因亂世變成屠夫篇

　　所謂「人為刀俎，雞成砧肉」。唯因每個人的心裡，時常懷有貪圖意念所致。由於大興碼頭已經落成啟用，我國空軍運輸機隊三不五時飛臨異域，國軍特種部隊也紛紛抵達異域，各地區游擊訓練中心相繼成立，陸軍步兵學校也乘機在異域江拉設立分校，特種部隊總隊長夏將軍也親自前往異域督陣。整個「金三角」地區已被我軍炒得沸沸揚揚，鬧得轟轟烈烈。

　　經過這一連串的變動，不僅改變了原有的平靜狀態，也導致敵我情勢開始緊張起來，最後更為異域反共游擊隊帶來空前的危機與嚴重的後果。簡直就是所謂「畫水無魚空作浪，繡花雖好不聞香」。緬甸政府基於維護國家主權與領土之完整，不容遭受任何侵略與傷害，進而利用聯合國大會控訴我國侵略，並請求中共出兵援助，並將我軍趕出異域，讓我軍不僅失去「金三角」地區，所有的根據地從此再也無法在異域立足。

　　位於高雄鳳山之陸軍步兵學校在異域江拉設立分校之後，終於讓我反共游擊隊所有校尉級軍官，可以獲得深造進修機會，以充實軍官知識素養，提升幹部素質，進而強化部隊教育訓練水準，提高部隊戰鬥能力。

　　作者所任職的部隊，長官基於提昇幹部素質，將作者與幹訓班同班的王姓同學，一起保送至陸軍步兵學校江拉分校，在初級班從事在職進修，但在學校尚未開學前夕，指定我兩人負責後方基地留守任務。

　　我兩人接下留守任務之後，正巧基地內有本部官兵所飼養的放山雞，數量約有百餘隻之多，在一個月的留守期間，我們哥倆好生活簡直奢華極了，因為每天均可享受雞肉大餐。又將每天用餐次數，也由

原來兩餐，改為四餐，每餐吃下一隻雞，生活過得好不幸福。這跟過去相較之下，與我游擊隊原每日兩餐的生活習慣，竟然增加了一倍，一個月下來我們兩人，總計吃了一百二十隻雞，數量多得實在令人驚訝！

　　至於我們每餐雞肉的吃法，當然也不一樣，時常求其變化，例如早餐吃烤雞，午餐吃紅燒雞，晚餐吃炒雞，宵夜吃清燉雞，每天吃，每餐吃，生活過得猶如帝王將相一般，極盡奢華能事，簡直快活得不得了。

　　所謂「少吃多滋味，多吃無趣味」，我們哥倆好為了貪圖口福，滿足慾望，竟然在短短的一個月之中，犧牲了一百二十隻雞的生命，至今雖已相隔半個世紀，但是回憶起來，心中難免有些自責，只怪自己一時貪得無厭，但願為我們犧牲的雞公雞母們，不要怪罪才好。

　　不過，回想那種與世無爭的日子，生活自由自在，而且每天四餐又有極盡奢侈的雞肉大餐可以享用，日子過得十分地愜意，確實令人難以忘懷，非常懷念那一段悠閒自在的美好時光。

走過金三角

　　所謂「兵可百年不用，不可一日不備」。結束一個月的悠閒生活之後，由於學校開訓在即，於是趁前線戰事趨於緩和之際，校方發出通知要求受訓人員開始辦理報到，我倆難兄難弟不能再繼續享受美好的雞肉大餐，必須結束一個月的悠閒生活，整理裝備齊向學校報到，接受為期二十六週的在職進修教育，個人能夠有幸參與，深感無上光榮。

　　此次在職進修教育，主在著眼與祖國的軍事教育性質同步化，學校名稱正式改制為「陸軍步兵學校初級班──江拉分校」，也是改制後首次招生，招訓對象限異域游擊部隊之校尉級軍官，其目的在培養連隊級領導幹部，招訓人數總計有一百六十個名額，編制成一個隊，下轄四個區隊，每一區隊編制四個班，每一班編制十位學員。隊職官及教官全都來自祖國──臺灣的特種部隊隊員，教育制度及訓練方法與國內性質完全相同，沒有任何區別，將為異域軍事教育訓練工作奠定堅實基礎，帶來嶄新希望。

　　在學校教育訓練工作如火如荼進行之際，前線戰事再度吃緊，但又無法結束教育訓練工作，解散百餘位學員。原因是占領區過於分散，路途遙遠，學員個人歸建行動安全堪慮，無法立即解散，只好就地取材，將全體學員大材小用，當作一般士兵來運用，全隊開赴前線，加入抗敵作戰行列。但出乎預料之外，到了最後關頭，不得已連國內派去的所謂種子部隊（即教導總隊－特種部隊）免不了也一起被拖下水，全體動員開赴前線參戰。

　　我們學員隊抵達前線之後，在短短一個多月的時間內，先後曾經參與「南湄保衛戰」、「南湄攻擊戰」、「小白塔突襲戰」、「宋湄

夜間襲擊戰」、「南昆以南森林遭遇戰」、「南昆保衛戰」、「黃土坡保衛戰」戰等七次戰役。其中最慘烈者，莫過於「黃土坡保衛戰」，因為這次戰役，雙方交戰時間最長，戰況非常慘烈，我軍所遭遇敵人，並非往日「吳下阿蒙」的緬軍，而是由中共昆明軍區所派出的遠征軍，根據情報資料顯示，這個軍區所派出的遠征軍，曾經參加過所謂「抗美援朝」的韓戰三十九軍，戰鬥經驗豐富，戰力十分了得，使我軍有點招架不住。

　　敵我初次交手就讓我軍感到不是好惹，尤其他們有名的「人海戰術」，很容易瓦解對手的意志，動搖對手的決心，達到「不戰而屈人之兵」的目的。因此中共在韓戰期間，曾經有一位胡姓解放軍戰士總計殺害了兩百八十四位美韓聯軍官兵，最後自己還能全身而退，並獲得當時的中共國家主席毛澤東親自頒給中華人民共和國最高勳章。

　　吾人究其原因，可由共軍的教育訓練要求上，瞭解其中的動能及奧秘。首先共軍在教育訓練上，要求每位戰士在與敵人鬥爭過程中，必需堅持「勇往直前」的鬥爭信念，抱定「犧牲小我」的鬥爭精神，發揮「視死如歸」的鬥爭勇氣，宣誓「殺敵致果」的鬥爭保證。教育訓練每位戰士在與敵人鬥爭過程中，必須徹底做到以下幾項要求：

　　「在與敵人鬥爭中，發現自己的佩槍已經沒有子彈，戰鬥員該怎麼辦？」「沒有關係，我可以繼續用自己的刺刀來殺敵！」

　　「當你的刺刀也斷了，戰鬥員該怎麼辦？」「不用擔心，我可用自己的槍托來殺敵！」

　　「當你的槍托也斷了，戰鬥員該怎麼辦？」「不必恐懼，我可用自己的拳頭來殺敵！」

　　「當你的拳腳也斷了，戰鬥員該怎麼辦？」「不用慌張，我可用自己的牙齒來殺敵！」

　　「當你的牙齒也沒了，戰鬥員該怎麼辦？」「繼續堅持下去，我可用自己的嘴巴來罵敵人，直到把敵人罵死為止！」所以，共軍要求戰鬥員仇敵、恨敵、滅敵的態度與決心，由此可見一斑。

　　其次在戰爭前夕，共軍必然舉行宣誓大會，要求每位戰鬥員立下誓言，保證在鬥爭過程中殺敵人數，因此能夠成為共軍人海戰術的原動力。另若贏得戰爭勝利，將訂定論功行賞之獎勵標準，鼓舞戰士奮勇殺敵，達到「重賞之下，必有勇夫」的驚人效果。敵我兩軍雖然首次在異域交火，但我軍官兵已充分地體會到共軍作戰方式與戰法，與緬軍顯然有著極大的區別，不僅令我軍陣前抗敵任務非常的艱鉅，更讓我軍陣前阻敵任務格外地艱難。

　　過去緬軍所使用的戰法，大多使用正規戰，變化幅度較小，我軍十分熟悉，早已應付自如，且多年來未曾採取夜間攻擊戰法，敵我雙方一旦交手，我軍當可談笑用兵，迅速將緬軍擊敗。現在換了不一樣的敵人，在我軍尚未摸清援緬共軍戰法情況下，雙方首次在異域交手，難免讓我軍很不習慣，甚至有點感到吃力。因共軍的作戰方式，正好與緬軍相反，愈是夜間或惡劣天候，愈要趁機發動攻擊行動，才能夠出奇制勝，一舉消滅敵人。這也是我異域游擊隊成軍以來，首次遭遇夜間作戰，多少有點不能適應，加上共軍又有緬軍陸空砲火支援，無論人數與火力均占盡優勢，使我軍漸漸處於被動地位，所幸官兵們能夠同仇敵愾，堅持有我無敵精神，離此一不及無死所的信念，終於穩住陣腳，使共軍攻勢頓時受挫，無法突破我軍防線，最後雙方在南昆黃土坡前僵持不下，形成對峙局面。

　　在兩軍對峙期間，共軍對我軍發動的最後一次攻擊行動，時間是在一九六一年大年除夕，所以這個年，我軍可是蹲在壕溝裡過的喔。敵人首先於當日14時左右，由緬甸空軍對我軍陣地實施炸射，17至18時之間，再由緬甸陸軍火炮向我軍陣地實施射擊，19時牛群奔向我軍

陣地前擾亂，踩爆地雷，破壞障礙物，19時40分共軍向我軍左翼陣地採取突擊行動，正當我軍炮火全面支援左翼之同時，共軍拿出他們的看家本領，也就是所謂「夜戰」，對我軍陣地全面發動攻擊行動，「黃土坡保衛戰」從此正式展開序幕。

　　共軍數波猛烈的攻勢，均遭到我軍以頑強的鬥志、嚴密的砲火，阻絕於陣地之前，使共軍攻勢行動無法得逞。於是在停火期間，共軍一再向我軍實施心戰喊話，其內容大略為：「各位親愛的鄉親們：好久不見，我們是來自中華人民共和國的人民解放軍，全體指戰員首先在此向各位鄉親問候，並向各位拜年，恭賀各位新年快樂。」

　　「現在正逢中國人的過年期間，各位還在此為國民黨犧牲賣命，想一想值得嗎？請立即棄暗投明，或者起義來歸，跟隨解放軍一起回家吧，因為您的家鄉父老、兄弟、姊妹與妻兒，正等待著您能回家團圓，祖國政府保證對各位寬大為懷，既往不咎。各位鄉親們，難道您們願意離開自己生長的地方嗎？捨得離開留在家鄉的父母、兄弟、姊妹與妻兒嗎？他們多麼盼望各位回家團圓，千萬不要錯失良機，因為你們已經被包圍了，現在已無路可逃，請立即放下武器，跟解放軍一起回家吧！」

　　我軍當時雖無應急喊話器材，但也不甘示弱，隨即由政戰幹部及時回應，向共軍實施心戰喊話，其內容概略如下：「親愛的共軍官兵弟兄們：我們是反共游擊隊，為了爭自由，反共產而離開中國大陸，如今不是不想回家，而是不願接受共產暴政統治的奴工而有家歸不得，一旦時機成熟，我們一定打回大陸，拯救同胞，正大光明的回家。而你們卻是被迫來此，究竟為何而戰？為誰而戰？你們其實不必插手我軍跟緬軍之間的事，也沒必要中國人自己相互殘殺，反共游擊隊全體官兵，歡迎各位共軍弟兄利用大好機會，陣前起義來歸，投奔自由，加入反共陣營，為反共抗俄，消滅共產國際而戰；為消滅共產

主義，保障私有財產而戰；為推翻共產黨暴政，反對極權專制而戰；為爭自由反奴役，拯救苦難同胞而戰！我軍全體官兵，絕對保障各位的安全！」

當戰況進入激烈之際，忽聞防區指揮官第十師師長胡將軍親臨前線督戰，實在出人意料之外，也給官兵們打了一劑強心針，一時全體學員士氣為之大振。因為胡將軍是一位很有名氣的將領，曾經是抗日戰爭英雄，來自廣東省的客家人氏，出身黃埔陸軍軍官學校，因抗日戰爭受傷，其中有一條腿被鋸掉一截，再接合起來，所以走起路來行動有些不便，但打起戰來仍舊英勇無比。凡是將軍所到之處，官兵們就如服用了「吃了秤鉈鐵了心」的特效藥一般，保證只有成功不會失敗。

以現在的社會福利法之標準而言，將軍應該是一位不折不扣的殘障同胞，理應受到國家社會福利機關的照顧，但為了國家生存與發展問題，他仍然不顧個人安危，出生入死，不畏敵人砲火，在緊急為難之際，親赴最前線給官兵們鼓舞士氣，同時帶來了祖國的溫暖，特地代表先總統蔣公贈送每位官兵一份慰問品，其中包括一包七七牌香菸，一個橘子，並由將軍親自到戰壕，甚至到每個碉堡，親自送交官兵手上，可真讓我們每個人流下感動的淚水。

記得當時在陣前，將軍還用手拍拍我們每位學員的肩膀，口中不停地勉勵大家：「不要怕，有我在，援軍及彈藥馬上就到，我們一定會打勝戰。」頓時使我們心中燃起極大的鼓舞，同時也瞬間聯想到，既然將軍都能置個人生死於度外，我們渺小的尉級軍官算得了什麼，縱然為國犧牲其實也微不足道，有什麼好怕的呢！如此一來，大家必然一致堅持到底，誓死守住陣地，決心跟敵人在此決一死戰，最後終於一舉擊退共軍的猛烈攻勢。如果論功行賞，將軍的功勞最多，貢獻也最大。

胡將軍原在第十師師長任內曾兼任猛八寮訓練中心指揮官職務，這次戰役由他親赴戰場與官兵共存亡，對於我軍在兵力火力均處於劣

勢之情況下，能擊退共軍優勢的攻擊行動，除胡將軍的貢獻最大之外，當然全體參戰官兵的奮勇善戰，個個「視死如歸」，人人奮勇抗敵，功不可沒，而也該歸功於我軍使用綿密式交叉火網防禦戰法，使敵軍無法超越雷池一步，阻敵軍於陣前。

此次戰役，敵我兩軍短兵相接時間最久，自傍晚19時起開戰至凌晨2時止，共計長達七個小時。就以作者個人而言，當時所使用的武器，係國造303式自動步槍，七個小時的戰鬥過程中，總計射擊了將近千餘發子彈，投了四枚手榴彈，兩隻槍管交換使用，照樣熱得不能觸摸，負責扣扳機的食指，也紅腫起來，碉堡裡已經堆滿彈殼，陣地前方障礙物全都被打爛或打壞，兩耳也被震聾了，直到相隔一星期之後，才能恢復聽力，其激烈程度由此可見一斑。

中緬聯軍受阻之後，開始後撤，雙方因而停火，我軍才能獲得喘息機會，隨即展開清查人數，結果本學員隊部分，難免發生傷亡情況。所謂「戰爭」，猶如「兩虎相爭，必有一傷」，哪有不死人的道理；因此，不論任何國家的軍隊，尤其現役軍人，都要有最好的作戰準備以及最壞為國犧牲的打算。

我軍陣亡袍澤，按照傳統慣例必須舉行隆重之追悼儀式，以示悼念，唯因受敵我兩軍對峙局面影響，只好求簡單化，僅派員抬至陣地後方，就地掩埋，草草安葬。直到部隊撤至寮國之後，才能正式為犧牲同學舉行隆重的公祭儀式，悼念自參戰以來本隊為國犧牲的九位同學，公祭儀式由隊長親自主祭，全體隊職官暨學員陪祭，大家對此哀傷場景，莫不悲痛萬分！人人熱淚盈眶，表達對犧牲同學的最後敬禮，場面極為哀傷而莊嚴隆重。

由於此次戰役過程相當激烈，戰火停下之後，除陣地前方留下無數死亡牛隻外，並未發現共軍屍體，原因是根據共軍慣例，一向不會將傷亡者遺體留在戰場。但根據共軍方面正式公布數字，當時派遣遠

征軍支援緬甸作戰行動，總共陣亡八百餘位官兵，可見付出很大代價。此種人道做法，其目的不讓敵人摸清楚自己的傷亡人數，難以判斷敵我狀況，分析敵我優劣情勢，發揮欺敵作用與效果。這種人道關懷做法，值得我軍參考與學習，因為此種作法，除可達到欺敵目的，擾亂敵人情報分析及判斷能力外，也能讓官兵在心理上不致有後顧之憂，倘若有那麼一天，自己不幸戰死沙場，將不會有被袍澤遺棄的感受，使每個人更心甘情願勇赴沙場，勇敢為國家民族而犧牲奮鬥。

　　中緬聯軍受挫之後，暫時後撤至數百公尺外停下，並開始構築防禦陣地，與我軍形成對峙局面，不過，根據經驗法則，敵人不會就此罷休，勢將伺機展開另一波的攻擊行動，所以不時對我軍實施陣前心戰喊話，唯截至我軍撤退為止，尚未發起新的攻勢行動。

深夜奉命棄守落跑篇

　　所謂「出其不意，攻其不備」就是上策。此次敵我雙方在黃土坡停戰之後，已有兩天沒有聽到槍聲，直到第二天傍晚七時許，突聞我軍後方支援砲兵使用唯一的兩種火砲，包括八一迫擊砲，及七五無後座力砲，向共軍陣地展開猛烈轟擊，同學們一時議論紛紛，研判可能有兩種情況，其一、我軍即將對敵展開攻擊行動，所以，先給敵人一點下馬威；其二、我軍可能開始向後撤退，擾亂敵人思維，給自己打一劑預防針，做好掩護措施。

　　不料其結果，卻讓我們全體學員跌破眼鏡，是我軍向後撤退，理由是祖國政府受到國際社會壓力，由聯合國大會正式決議，要求我軍撤離緬甸國境，並由聯合國派員到場，監督我軍撤離緬甸領土過程，限期全數撤回臺灣，我們學員隊於當晚八時，接獲上級緊急命令，全隊迅速向後撤退，回到大興碼頭待命，然後再由大興碼頭渡過湄公河，前往寮國猛信地區集結。

　　我們學員隊在隊長指揮下，迅速摸黑趕路，朝向大興碼頭前進，直至次日晨間五時許，全隊終於抵達大興碼頭。同時接獲渡河指揮官指示，部隊在河岸停下，按照先來後到秩序，等候通知渡過湄公河，但來自後方之掩護部隊的砲擊聲，依然持續不斷，砲彈不停地由我軍上空掠過，可見敵人的追兵勢必也隨我軍而來到此地。倘若後撤時間稍為再晚一點，恐怕已無機會回到自由祖國懷抱。

　　部隊後撤相關渡過湄公河任務，由教導總隊－特種部隊總指揮官夏將軍統一指揮、調度、掌控，並負責維持河岸秩序以及安全警戒等任務。至於當時渡河工具，全部採用四十五匹馬力之動力船，將部隊一一運往對岸之寮國境內。

　　本學員隊渡河順序，排在倒數第三，輪到本單位渡河時，已經上午七時，隊伍下船剛離開河岸，對岸之中，緬聯軍先頭部隊，已經進入大興碼頭跑道之另一端，我們在寮國境內，肉眼清晰可已看到戰爭真實場面，宛如觀賞一部戰爭電影演出一般。

　　至於我軍後方掩護部隊，最後免不了再度與共軍發生激烈戰鬥，所幸上級事先早有周密之防衛計畫及應變措施，否則，我軍恐難全身而退。經過此次作戰經驗以及後撤過程，我軍也可初步明瞭，共軍情報判斷之正確，以及部隊用兵之神速，實在令我軍官兵感到無比的驚訝。

　　渡過湄公河之後，部隊並未停止下來，仍然繼續向前寮國西南挺進，一方面，避免共軍砲火越界追擊，對我軍造成無謂傷亡，以保持部隊實力，好繼續迎接未來新的挑戰；再方面，我軍部隊動向必須配合寮國政府安排，避免造成地主國之困擾，使雙方依然保持良好之互動關係。

　　寮國國境地形特殊，多為崇山峻嶺，高山多平地少，交通非常不便，再加上我軍有無數傷兵，加上部分眷屬，以及跟隨軍隊撤退的民眾等拖累，以致數以千計隊伍，行動相當緩慢，一天走不了幾十公里。另因部隊動線太長，行動目標過大，加上沿途補給困難，選擇紮營地點不易，最後上級決定兵分兩路，其中一部分，由總指揮官柳將軍親自率領，前往寮、泰兩國邊境小鎮——南坎駐紮，另外部分，則由副總指揮官彭將軍率領，前往寮國第二大城——南它駐紮。才使部隊移動得以順利進行，並能如期抵達目的地。

第七章

榮耀歸於祖國

所謂「不論樹有多高，最後落葉歸根」。我軍轉進寮國國境之後，分別在南它與南坎兩地駐紮，部隊經過月餘整補，也相繼建造基地營區，準備作長期停留在寮國境內之打算，不料經過月餘之後，部隊又奉命渡過湄公河，前往對岸之泰國，由泰國陸軍軍用車輛接應，轉往北部大城清邁，然後再由泰國清邁機場，搭乘我國空軍運輸機回到自由祖國——臺灣的懷抱。

此次我國撤軍計畫，簡稱為「國雷案」，其部隊載運計畫全由我國空軍運輸部隊負責執行，實際參與單位包括黃牛、老馬、塘鵝等三個運輸機中隊，充分證明了他們不但一點都不黃牛，而且還是標準的識途老馬。回憶當時所使用之運輸機種，僅有 C－46、C－47、C－119等。作者所搭乘的專機是 C－46型運輸機，於一九六一年三月二十六日14：30分在泰國清邁機場登機，15：00準時起飛。二十七日凌晨零時十分，安全降落在南臺灣的屏東空軍基地。

回國官兵登機之前，空軍運輸單位統一規定，每人必需過磅，限制重量，凡超過規定者，必須拋棄多餘物品，否則不准過關，藉以減輕重量，增加搭乘人數。官兵所帶武器裝備則在部隊進入泰國之前，即已統一裝箱處理，拋棄在湄公河裡，讓其回歸自然；至於官兵多餘物品，也全都棄置在泰國清邁機場之接待中心。

回國專機降落之後，首先點名確定人數，然後進行人體消毒，最後讓全體官兵沐浴，沐浴出來官兵從頭到腳重新換裝，瞬間每個人都煥然一新，以便迎接新時代與新氣象的來臨，迅速趕上祖國進步文明的腳步。

記得官兵在清邁機場登機之後，機長走進機艙向大家問候致意：「各位同志好：我是本專機機長，首先代表全體機員歡迎各位搭乘本專機，同時也請各位放心，我們一定會安全將各位接回臺灣，飛機起飛前，請各位繫好安全帶，穿上救生衣，並由機員當場示範，並協助

各位操作，謝謝！」

　　我們回國官兵所搭乘的專機飛行航線，因當時的中華民國依然是聯合國之會員國，也是常任理事國之一，基本上，還是很吃得開的，每一個國家總願送個人情，給點面子，凡事先經過知會磋商，飛越領空之相關國家，均可通行無阻。所以，我國空軍運輸專機，自泰國清邁機場起飛之後，須飛越高棉、越南等兩國領空，再經由我國最南端之海域南海，直接飛回寶島——臺灣，航向自由祖國。

　　我們所搭乘的Ｃ－46型專機，屬於螺旋槳式，穩定度不像現代化噴射機一般，沿途每當遇到亂流，機身總會忽上忽下，搭機官兵們紛紛出現暈機現象，吐得七葷八素，嘔聲此起彼落，再因我們又是生平首次搭乘飛機，心理難免有些恐懼和不安，回想起那種滋味，實在很不好受。尤其飛行時間，總計長達八個小時半之久，航程十分遙遠，由於官兵嘔吐之後，導致機艙內空氣愈來愈差，暈機情況就像傳染病似的，很快影響到艙內所有乘員，其難受情況可想而知。

　　作者雖是首次搭乘飛機，但卻竟然平安沒事，身體未曾發生任何異狀。有過這次經驗，我才真正地體會到，自己的身體構造還真的不賴，日後不論搭機、乘船、坐車，均不曾發生暈機、暈船、暈車等現象，實在難能可貴，要感謝母親賜給我的恩惠！讓我有這麼好的身體結構，使我免受暈機之苦。

　　回國之後，我原本有意報考空軍飛行員，結果雖沒實現預期願望，但最後卻成為一個全能的特戰隊員，總算也完成了雖不滿意但可接受的心願。因為身為特戰隊員，跳傘機會多了，經常與飛機為伍，一生中曾經搭乘過機種計有：戰鬥直昇機、運輸直昇機，其中運輸機部分，計有Ｃ－46、Ｃ－47、Ｃ－119、Ｃ－123、Ｃ－130等機種。另在特種部隊服役期間，先後完成各種跳傘，總計有過七十餘次紀錄，包括普通跳傘（即基本跳傘）、鐵漢跳傘（其中計有特種地形、

森林、水上、稻田、村落等）、高空跳傘（後因中途被淘汰）等特殊的跳傘經驗，總也不枉此生。

回頭再繼續介紹回國過程，作者所搭乘的空軍運輸專機，於一九六一年三月二十七日凌晨回到國內，降落在屏東空軍基地，當飛機滑行至停機坪停車之後，機長向大家宣布：「各位好：我們的目的地——臺灣屏東空軍基地到了，請大家帶著個人的行李，循序下機，依照引導人員帶領行動，謝謝各位搭乘，再見！」顯然猶如電視廣告所謂「翱翔千萬里，心思細如絲」，果真叫人回味無窮。

當我們回國官兵們，走下飛機踏上祖國土地的那一刻，立即受到參謀總長彭孟緝將軍，率同副總長賴名湯將軍，暨陸軍總司令羅列將軍、海軍總司令黎玉璽將軍、空軍總司令陳嘉尚將軍等高級長官、基地官兵、接待官兵、媒體記者的熱烈歡迎。前來歡迎的陣容十分龐大，計有參謀總長、陸海空三軍總司令，但實際上，國防部情報局局長（當時局長為葉先生），才是我們游擊健兒的直屬長官，只是在習慣上，葉先生一向很少公開露面，並未正式參加迎接盛會，再者游擊隊回國之後，即將歸屬陸軍總部節制，表面上，與情報局似乎毫無關係，但事實上，只是一個藉口而已，免得媒體記者追問起來，還真的不好回答問題。實際上，不論我異域反共游擊隊或國軍特種部隊，其任務之分派與執行，完全由國防部情報局統一指揮運用。

隊伍通過長官歡迎行列，隨即按照憲兵及服務人員引導，魚貫進入安檢隧道，接受通關檢查，再又進入消毒隧道，從事消毒工作，然後進入防疫隧道，接受預防注射，最後搭乘軍車前往鳳山陸軍第二士官學校，用餐休息。隊伍抵達士校已是午夜時分，首先進入禮堂，接受量身，依據尺寸領取服裝，再按分配順序進入寢室，經過一番沖洗之後即換上全新軍服，使每個人從頭到腳煥然一新。然後列隊跟隨引

導人員前往餐廳，享受校方為我們準備豐富而美味的晚餐，這也是我們有生以來，第一次吃到自由祖國軍中所做的餐點，官兵們雖然有些疲憊，但心中的喜悅，實在無法用筆墨加以形容。不過，部分官兵，由於在飛行途中嘔吐之後，胃口尚未恢復正常，只有勉強吃點清淡食物，補充消耗體力。

用餐完畢大家走回寢室，經過短暫休息即熄燈就寢，由於那時天候還很涼爽，大家疲勞了一天，蓋上軍用棉被倒頭就睡，一覺睡醒來已經是三月二十八日早上七時。官兵們經過一番梳洗整裝之後，再度前往餐廳享用早餐，用完早餐，又集合乘坐軍車至鳳山火車站，再搭乘火車北上臺中王田，由王田轉乘軍車上成功嶺。當車隊抵達成功嶺營區時，再度受到接待單位官兵熱烈歡迎，擴音器不斷地出現女青年工作隊播音員悅耳聲音，轉達全國各界同胞問候及關懷，也不時播放輕音樂與愛國歌曲，以消除官兵們旅途之辛勞，偶而也有一些鼓勵的話，以安撫官兵心理，穩定官兵情緒。

在播音過程中，令人意外的莫過於播音員稱呼我們為「滇緬邊區反共義胞」，感覺上蠻奇怪的，原本當了許多年的軍人，怎麼這時突然又變成了義胞，叫人難以接受。大家在心理上雖不甚滿意，但表面上也只好勉強接受。不過，事後才瞭解，原因是為了掩人耳目，政府特別指示全國各界，統一稱呼我們為「滇緬邊區反共義胞」，撇清我國政府與異域反共游擊隊之間的複雜關係，避免引起國際社會之誤會，指責我政府放任異域反共游擊隊占據緬甸國土之霸權行為，避免對我外交工作帶來不利影響。

部隊下車之後，立即整隊唱名，並依接待單位的服務人員引導，走向事先規劃妥當之營區，依分配寢室及床位各自就位，床上已擺妥個人所需被服、用具、物品等，一應俱全，讓官兵們有「賓至如歸」的感覺。

　　部隊進駐臺中成功嶺之後，官兵們榮獲政府與社會各界給與的各項關懷，可以享受許多優遇和特權，一、先總統蔣公特別指示准許官兵放假一個月，以慰勉回國官兵之辛勞（作者當時屬於初級班學員，除週三、六下午及週日等可以休息外，其餘時間仍舊需要正常上課，避免到了軍校跟不上國內同學，因此必須加強課業輔導）。二、為了犒賞回國官兵，政府特別籌措預算，給予每個人加發一個月薪資。三、官兵們前往臺中遊玩，搭乘公共交通工具，全部免費，公共汽車隨叫隨停，以方便官兵搭乘。四、政府動員全國各級學校，鼓勵學生發起一人一信運動，慰問回國官兵。五、全國各界共同發起捐款及贈送慰問品運動，以表達關懷回國官兵的熱忱。六、政府動員全國各界籌組慰問團，分別前往成功嶺宣慰回國官兵，激勵官兵士氣。七、官兵們外出雖然穿著軍服，但不配戴軍階，不受軍人禮節之限制。八、官兵們上街遊玩，除故意而明顯的違法之外，不受憲兵與警察之管制。九、官兵個人可依據年齡，選擇繼續從軍、就學或退伍，以圓個人當初回國願望。

　　一個月的假期很快結束，部隊已開始恢復正常作息，一九六一年九月，國防部將我們全體游擊隊員編入反共救國軍，部隊轉至臺中潭子青田營區，同時也展開正常的教育訓練工作，使官兵及時瞭解國軍相關的典章制度，迅速完成部隊之轉型，避免產生心理隔閡，影響官兵情緒。另外回國官兵中尚有少數年齡較小，國防部特別根據官兵個人年齡、程度及願望，分別保送各軍事院校或文學校就讀，同時也成立所謂「幼年兵隊」，每日由編制內班長帶隊上學，集體前往軍營附近之國民小學就讀，放學後的課餘時間仍舊是一名軍人，必須過軍隊的團體生活，一方面因材施教，滿足個人的願望，再方面為國軍培養接班人才，使國民革命軍之傳統精神與歷史使命能夠繼續得以傳承。

　　截至目前為止，回國官兵4,406人之中，已有少數後起之秀，官階已晉升至將軍，至於校尉級軍官人數之多更是不在話下。當然像作者等，部分再轉任公務員、警察或教師者，人數也不少。充分代表所謂「長江後浪推前浪，一代新人換舊人」，如今我等都已解甲還鄉，成為一屆平民，過著平靜的生活。回憶這段歷史，的確使我們感到無比的驕傲與自豪，並且感到「與有榮焉」！

　　這些說不完的故事，寫不完的歷史，都是中華民國政府及全體同胞，賜給我們的恩惠，我們全體回國官兵，一定銘記在心，永志不忘。

　　一九六二年六月間，特種部隊基於任務需要，擴大組織及編制，國防部將我們全體回國官兵全都編入特種部隊，我們竟然一舉成為舉世聞名的特種部隊隊員，果然不虛此生。

走過金三角

第八章

中華民國無所不在

走過金三角

我中華民國臺澎金馬地區，泛綠陣營的朋友與支持者經常把中國、中國人、中共或中華人民共和國，劃上等號。因而否定自己是來自大陸的中國人，也不願意承認中華民國存在的事實，實在讓人無法認同。事實上，中國的歷史背景及過程雖然歷盡滄桑，多災多難，可是終究已經走過五千年的悲歡歲月；中華民國自一九一二年成立至今，固然國運不甚昌隆，但「中華民國」這塊老字號招牌，如今依然存在，而且屹立不搖，這可是當今任何國家無法否定的事實。

宋楚瑜先生於行政院新聞局長任內，在詮釋中國與中共問題時，曾經指出「中國非中共，中共非中國」，說明在中國除共產黨之外，還有其他政黨，所以，不能把中國跟中共混為一談。中國共產黨只能代表中國的一部分，不能代表全中國。

住在中華民國臺澎金馬地區的全體人民，依據國父孫中山先生的理論基礎，就是中華民族，因其族群計有「漢、滿、蒙、回、藏」，及其他五十餘個少數族群。就民族構成要素而言，不論血統、生活、語言、宗教及風俗習慣，臺澎金馬地區幾乎全都具備，一個也不少，任何人無法加以區隔或迴避。如今若以我方一貫立場的角度而論，所謂中國人，就是中華民國國民，當然也包括海峽兩岸四地的中國人，以及散居在全球各地的華僑同胞。

我中華民國誕生於一九一二年，中華人民共和國卻在一九四九年始成立，五十餘年來，兩岸始終處於分治狀態，已經沒有所謂誰屬於誰的問題。中華民國成立至今九十五年，依然屹立不搖，至今從來不曾滅亡過，而且堅守在自由世界的第一線，成為民主陣營的最前鋒。

中國共產黨雖在一九四九年占據中國大陸，但卻未曾占領過，或統治過中華民國所管轄之臺澎金馬地區。臺灣及大陸同屬中國的一部分，因兩岸分治時間長達五十餘年，兩個政府的地位不僅是平等的，也是相對的，絕對沒有大小區分、上下關係，或隸屬問題。

　　我中華民國臺澎金馬地區，並不等於中華人民共和國，也不屬於中華人民共和國，更不是中央與地方的隸屬關係。因為，中華民國臺澎金馬地區，並非構成中華人民共和國之一部分，中共行使統治權，至今並不及於中華民國臺澎金馬自由地區。中國人與臺灣，不能跟中華人民共和國劃上等號，也不能成為代換公里。

　　我中華人民共和國雖在一九四九年，接替中華民國對大陸的統治權，並於一九七一年十月二十五日進入聯合國，取代中華民國地位，從此有人一直認為我們被打壓，被侷限，走不出去，施展不開，喪失國際人格與外交活動空間，毫無尊嚴可言，作者很不同意這種說法。因為，根據聯合國憲章，就中國而言，至今仍以「Republic of China」為唯一合法代表，並無任何改變，就實質而言，中華民國從未離開過聯合國，僅在形式上被其他會員國將我們排除在外，由中共政權取而代之而已。

　　為了進一步證明，中華民國無所不在之事實，作者將從國際認同、政治成就、法統維護、文化發揚、經濟發展、教育成效等方面，加以分析，期望能夠獲得讀者一致的認同、肯定，與支持。

走過金三角

▶ 國際認同篇

目前聯合國計有一百九十二個會員國，至今仍有二十餘國正式與我中華民國建立外交關係，承認中華民國在國際上所擁的人格和地位，代表中國為一合法政府，姑且不論這些國家大小、強弱、富貧，但終究為聯合國之會員國，事實不容質疑，我們並不孤獨，仍舊多難興邦。

目前跟我中華民國從事文化交流、經貿交易活動的國家或地區，即所謂務實外交者，計有一百四十餘國，其中有些國家基於本身利益，或因中共藉機施壓等手段，讓我政府官員出訪或許受到若干限制，但對一般國民從事貿易、旅遊、文化、體育等交流活動，並無差別待遇，這些事實不容抹殺，我們並不寂寞，依然得道多助。

半個世紀以來，由於我中華民國全體軍民生聚教訓，發奮圖強，積極開闢中華民國生存發展空間，並以自助而後人助精神，匯集成多難興邦動力，拓展國際交流，強化國際活動，增進國際視聽，維持務實關係，普遍獲得國際及友邦支持，我們無所畏懼，依然獲得肯定。我們何必見到「China」就抓狂？大家應該了解，友邦所認定之一個中國，當然為「R.O.C.」式「China」之中國，絕不可能是「P.O.C.」式「China」之中國，如果看到中國（China）字樣，就讓泛綠的官員、民意代表、甚至是支持者產生恐慌、抗拒、抵制心理或行動，遲早將讓各友邦精神思維錯亂，不知如何承認中華民國？如何跟中華民國建立友好關係？同樣的情境，如連我們自己都無法自我認同，自我肯定，自我堅持，又如何要求別人來認同自己、肯定自己、支持自己。

▶ 政治成就篇

　　過去我中華民國臺澎金馬地區，基於全國同胞團結一致，心手相連，創造了從無到有的驚人成就，不論政治制度或經濟發展，實為當今世界許多國家所不及。今後只要我們繼續認同中華民國，認同這塊土地，認同自己鄉親，大家彼此包容，互相接納，共同為建設臺澎金馬地區成為自由樂園而努力，開創更美好的未來。

　　中國統一問題是一個未來式，距離我們似乎還很遙遠，也許是五十年，甚至於一百年。不管是多少年，最大的前提，必須統一在「自由、民主、均富」制度下。否則，將不為中華民國臺澎金馬地區的兩千三百萬人民所接受，我們國家領導人何不讓海峽兩岸繼續維持現狀，維持臺海安定和平局面，不再發生對峙或衝突問題。至於以後的發展，就讓時間和智慧來解決，現在大家何必為此浪費唇舌和時間，造成自己內部的分歧和衝突。

　　所謂「世事難料」，說不定有朝一日，大陸內部發生變化，改變目前的現況，搞不好咱們以民主自由制度去統一他們，也說不定？況且我們確實已經有目共睹，中華民國老兵的衣錦還鄉活動，臺灣慈濟人的大愛思想與人道精神，臺灣歌手與影藝人員的驚人表現，以及數十萬臺商前進大陸創業足跡，早已完成統一中國大業，我們還能自我否定嗎？

　　過去學者曾經提出：「經濟學臺灣，政治學臺北」口號，證明我們的制度及成就，已經起了指標性的作用，影響到整個中國大陸，只要我們繼續埋頭苦幹，全面致力各項政經建設，堅持自由、民主、均富理想，迫使中共當局修正路線，相信大陸內部，總有那麼一天，自然發生質的變化與量的擴大，一舉改變目前現狀，拉近兩岸之間的接觸距離，維持兩岸和平穩定，造成雙贏局面。

　　我們是中華民族的一份子，不能忘掉祖先的根源，不能因為中國共產黨或中華人民共和國，否定自己是中國人或中華民族的事實。更要認定大陸也是我中華民國的一部分，並且始終堅持到底，絕不能輕言放棄。否則，我們數十年來的奮鬥成果，即將化為烏有，我們絕不讓中共找到動武藉口，當然，這並不表示我們怕事，只是沒事我們何必找事呢？因為一旦不幸發生衝突，不論美國是否出兵協助我們，但戰場就在臺灣本土，一場殺戮之後，必然將我們帶上「家破人亡」的命運，這樣的結果，值得嗎？

　　目前有許多政治人物，時常高喊「愛臺灣」！假如此話當真，那就請拿出真心誠意。試想我們歷經數十年犧牲奮鬥，好不容易擁有今天的成就，不要因為少數人有所謂「義和團」式的無知心態，而將我們過去的建設成果，毀於一旦，大家應該及時挺身而出，共同抵制他、唾棄他。

　　生活在中華民國臺澎金馬地區的全體軍民同胞，誰也不喜歡共產主義，也都反對共產制度，厭惡極權專制，更不贊成一國兩制，如果情勢所逼，或當國家有需要、在不得不戰時，誰都甘願為保衛臺澎金馬地區的自由民主而戰，哪怕犧牲性命，亦在所不惜。但若能夠運用智慧化解兩岸紛爭，豈不是美事一樁，何必兵戎相見，弄得兩敗俱傷呢？我們似乎沒必要常為「中國」或「中國人」等名詞，就一個頭兩個大，無謂地傷腦筋，或耗精神。

　　大家不妨回顧一下中國歷史，過去不論元朝或清朝，均非漢民族群，但在取得政權之後，依然以中國自居，並未因此而否定中國，拋棄中國，並且以做中國人為榮，我們五族共和、天下為公的立國精神，如今究竟何在？

法統維護篇

　　我中華民國臺澎金馬地區，與大陸中共之間，實力雖然懸殊，但是經過「古寧頭戰役」、「八二三砲戰」等諸戰役，我方先後獲得空前勝利，讓海峽兩岸得以維持和平局面，彼此相安無事。其中最大原故係因我政府始終堅決主張原有法統、地位與主權。不因政府播遷臺澎金馬地區而有所改變，也不因兩岸有形力量之懸殊而有所差別。我們不能妄自菲薄，小看自己的實力，忽視自己的存在。

　　今天您我所持有的中華民國國民身分證，是由中華民國政府所核發，洽公辦事不能沒它，商務往來少不了它，驗明證身，非它莫屬，必須具有中華民國公民身分者，才有資格成為中華民國總統、副總統、中央及地方公職人員選舉，選舉人或候選人難道不是中國嗎？敢情他來自另外一個國家不成？

　　目前我中華民國國民出國所攜帶的護照，是由中華民國政府所核發，不論國內或國外，入境出境，不能沒它，凡經合法簽證，不管有無邦交國家，照樣通行無阻，難道它不代表中國嗎？我們千萬不要否定自己的存在，忽視自己的力量，忘掉自己的偉大。

　　我中華民國臺澎金馬地區全體國民共同遵循的國家根本大法，是由國民政府於一九四七年十二月二十五日所公布之「中華民國憲法」，後因政府播遷來臺，曾經制訂「動員戡亂時期臨時條款」及「中華民國憲法增修條文」，它不僅代表中國，也代表既有法統，絕對不容質疑。

　　我中華民國憲法之存在，不僅是臺澎金馬自由地區兩千三百萬同胞賴以生存發展的依據，人民權利的保障書，也是十三億大陸同胞追求「自由、民主、均富」希望之所繫，任何人沒有理由懷疑它，或否定它。

　　目前政府舉辦各種公職人員選舉，所依循的就是「中華民國憲法及其增修條文」，它是我們共同信賴與保障，任何人都不能否定它，而且更應該尊重它，肯定它，愛護它，保衛它，也不可忘「中華民國」暨「中華民國憲法及其增修條文」，才是我們賴以生存的憑藉。

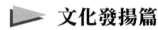 **文化發揚篇**

　　我中華民國全國上下不僅是中華文化的保存者，也是中華文化的發揚者，除始終堅持「堯、舜、禹、湯、文、武、周公、孔子」之一貫道統外，至今仍有中華文化復興運動推行委員會、文化建設委員會、文化資產維護協會、故宮博物院、國立歷史博物館、國家圖書館、國立編譯館等機構，其目的在使中華文化得以繼續發揚光大。其中就以故宮博物院而言，珍藏有中華民族歷代文物史蹟，證明我們對中華文化之重視程度，這點可是大陸中共政權所望塵莫及的。

　　我中華民國臺澎金馬地區所推行的國語，在兩岸四地來看，不僅正統，也最標準，絕對可足以代表全中國。因為臺澎金馬地區所推行的國語是採用中國正統國產「注音符號拼音法」，凡是中華民國國民──都必須接受國民義務教育，凡接受義務教育之國民，每個人都會講正統國語，僅就這點而言，我們遠比大陸強上許多倍。

　　反觀在中共統治下的大陸各地，目前在形式上，雖然以漢語拼音為準，但並無強制性規定，例如四川教師仍然使用四川口音教學，河南教師仍然使用河南口音教學，受教學生有樣學樣，根本無從精進，各省彼此之間，在表達或溝通上，雖可勉強聽得懂，但至今各地仍舊我行我素，各說各話，尚無統一標準。

　　目前大陸所使用的漢語拼音法，是中共建政之後所頒布之外來拼音法，對於一九四九年以前所出生的人，必須重新學習教育一次，實在是一種「捨本逐末」之舉，更是一項「勞民傷財」之策，難免引起許多人民的反感，以致推動成效，不僅大打折扣，而且實施成果，也不如預期理想。

　　經過以上介紹，充分證明我們，不論在政策上、制度上，或成效上，全都勝過他們，也超越了他們，大家應該引以為傲，感到自豪！不說別的，光憑這一點，我們就有資格去統一他們。

　　今後誠懇期望朝野政黨，能將格局放大一點，視野看遠一點，觀念新穎一點，思想開放一點，實現所謂「立足臺灣，胸懷大陸，放眼世界」的遠大理想。千萬不要因街道名稱拼音問題而爭論不休，讓外人看笑話，拼音的目的旨在服務外國朋友，只要人家看得懂，就該全面採用，管它跟誰接軌？跟誰有關係？避免我們自外於國際社會，陷入孤立狀態，誠屬不智之舉。

經濟建設篇

一九五〇年代末期至一九六〇年代之間，我中華民國臺澎金馬自由地區還是依賴外援的國家，但因政府能夠「運籌帷幄，決勝千里」，即時提出長遠的經濟發展構想，制訂經濟建設發展方案，推動經濟發展計畫，進而普遍獲得全國同胞通力合作，使我們的經濟建設，迅速突飛猛進，不僅讓國人迅速脫離貧困，也使國力大大的獲得提升，我們舉國上下，不僅因此自豪地站起來，也驕傲地走出去。

目前我國臺澎金馬地區，國民生產毛額（GNP）已經高達3,745億美元，位居全球第八大生產國；國內生產毛額（GDP）也已高達2,819億美元，排名全球第十七大生產國；進出口貿易額也躍居全球第十六大國家；平均國民所得已經到達12,715美元；外匯準備金額已經高達2,657億美元，全球排名第五位；在美市場占有率約有1.97%，成為美國第九大貿易夥伴國；在日市場占有率，約有3.27%，成為日本第六大貿易夥伴國；在大陸投資金額已經高達255,633億美元，為全球第六大投資國家。這些驚人的經貿成就，都是您我過去所付出的努力與貢獻的結果，的確值得驕傲與自豪！

一九七〇年代開始，我中華民國政府已有能力提供友邦援助，但其援助方式，仍以農耕隊為主，協助各友邦國家加速農業生產，改善人民生活，至於援助對象則以第三世界國家較多，地區包括非洲、南美洲、亞洲等區域，由於成效顯著，普遍獲得各友邦及國際社會一致肯定。

一九八〇年代開始，我中華民國政府已經步入開發中國家之林，除原有農耕隊之外，又增加金援貸款項目，以協助各國加速基礎建設，發展國民經濟，提高國民所得，改善人民生活，深獲各友邦政府及人民一致好評。

　　一九九〇年代開始，我中華民國政府援外計畫，已經改為專案貸款，幫助各友邦政府發展民生工業，創造就業機會，增加國民生產，促進國際貿易，使各友邦人民早日脫離貧窮，邁向小康社會，深獲各友邦國家及人民一致推崇。

　　兩千年開始，我中華民國政府援外計畫，除擴大在各友邦國家境內，從事工商業投資外，也正式對各友邦給與經援專案，其經援對象涵蓋五大洲，範圍包括歐洲、南美洲、非洲、亞洲、大洋洲等，協助各國發展工業，加速經濟建設。這一連串援外計畫的推動，證明我國肯在自己國家富足之後，盡其所能回饋國際社會，為國際社會盡一份心力，深獲全世界一致肯定稱讚。

　　我中華民國臺澎金馬自由地區目前擁有兩千六百五十七萬美元的外匯存底，是全球名列前茅的國家，具有強大外貿競爭實力，也是全球第十六大貿易國，國民生產毛額為全世界第十九位，平均國民所得已經超過一萬兩千七百一十五美元，對外投資額已耀居全球第六位，顯示我國進步發展成就全世界各國有目共睹。

　　現我中華民國臺澎金馬自由地區國民出國訪問或觀光旅遊，大家所到之處，不論任何國家或地區，都有臺商的足跡，在每一個重要城市之中，都有標示「MADE IN TAIWAN」的產品，充分證明中華民國已經無所不在。

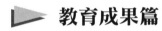

教育成果篇

　　我中華民國臺澎金馬自由地區，面積雖然比中國大陸小，人口不如大陸多，但是我們卻先後培養了許多傑出人才，其中以諾貝爾獎得獎人才方面而言，有楊振寧、李政道、李遠哲、朱棣文等四科學家；以太空科技人才方面而言，有太空人王贛駿、魯傑等兩人；以體育人才方面而言，有楊傳廣、紀政、古金水、蔡溫義、郭泰源、郭源治、王建民、王惠珍、陳怡安、沈靜、黎鋒英、郭羿含、紀淑如、黃志雄、陳詩欣、朱木炎、袁叔琪等多人，均有傑出表現。另在棒球、高爾夫球、撞球、保齡球、桌球、柔道及舉重等項目，表現也都相當出色，讓世人刮目相看。

　　一九七〇年代至一九八〇年代間，我中華民國臺澎金馬自由地區在少棒、青少棒、青棒三項的表現，更是稱霸世界，威震全球，至今回憶起來，仍舊讓國人津津樂道。當然在每一個領域也有許多傑出人才，最主要因為我國臺澎金馬自由地區，人民生活富裕，教育普及，造就許多優秀人才，不僅為國所用，也對各國輸出人才，為國際社會所用，充分表現世界大同、理想社會的具體作為。

　　總之，經過以上分析比較，我們進一步認識到中華民國政府曾經對國際社會有其卓越的貢獻，也了解我中華民國已經開創中國五千年歷史空前紀錄，這些驚人的成就與貢獻，證明中華民國，猶如萬能的上帝一般，幾乎「無所不在，無所不能，無所不有」！作者謹此提出呼籲，今後我們須以「莊敬自強」的態度、「處變不驚」的精神、「慎謀能斷」的作為，勇敢面對中共，積極迎戰未來，千萬不要提到中國，就閃閃躲躲，遇到中共，就畏懼三分，談到中國人，就扭扭捏捏，更不可抹煞自己的成就，矮化自己的立場，否定自己的地位。因

為「R.O.C.」式「China」，早就無所不在，何必一看到「China」您我本就已經熟習的名詞，就退縮或抓狂呢？

臺灣與大陸的兩岸對峙局面已經超過半世紀，如今中共方面願意放下身段，伸出友誼之手，肯坐下來和我們對談，解決彼此的歧見，我們不宜過度堅持反對意見，理應表現出熱情態度，欣然接受事實，積極配合對方，盡早提出因應對策，做好規劃準備，預作談判演練，爭取致勝機會。避免作無謂叫囂或挑釁，否則除給自己增加困擾之外，也為國際社會製造麻煩問題。俗語所謂「天下本無事，庸人自擾之」，實在沒有必要再繼續耗下去。

面對今天的世界局勢，我們全體軍民必須和衷共濟，發憤圖強，緊密團結在中華民國的四周，共同衝破危險，度過難關，迎向光明的未來。今後我們首要課題，唯有國家領導人及政府主管部門，接受兩岸協商機制，回歸九二共識，堅持以中華民國為其主體性，以大膽態度、積極作為、務實作法對中共，加速兩岸交流，發展兩岸經濟，建立兩岸和諧關係，維持臺海安定和平，造成雙贏局面。

如今大家都瞭解，未來唯有兩岸能夠維持安定和平局面，我們才能集中每國人的智慧與力量，積極展開中華民國臺澎金馬自由地區各項政經建設發展計畫，厚植雄厚國力，增加談判籌碼，達到致勝目的。

今後國人共同努力的目標是要讓中華民國臺澎金馬自由地區，成為自由世界的模範生，民主陣營的好榜樣，中華民族的好典範，國父孫中山先生理論的實踐者，讓先生「民有、民治、民享」的理論，能在我們的手中，完全付諸實現，進而發揚光大，早日邁向世界大同理想之境。

參考書目

書籍

鄧克保：《血戰異域十一年》，自立晚報社，1961年

許鐘榮：《大江流日月——中國名山大川》

　　　　《四裔展丰采——中國少數民族》，錦繡出版，1994年

吳俊才：《東南亞史》，中華文化出版事業委員會，1956年

方編集室，楊翠屏譯：《世界逍遙遊——東南亞》，宏觀文化，1997年

李光耀：《李光耀回憶錄》，世界書局，2000年

趙富民：《滇緬邊區游擊風雲介紹》，國雷案聯誼會，2003年

影音

照片　胡人誠：異域游擊隊撤退回國實況攝影珍藏，1989年

電視　王秀峰：知性旅遊電視臺～介紹緬甸之旅節目，2005年

電影　中央電影製片廠：電影主題曲～水擺夷之戀，1960年

網路

Google網路資訊：「維基百科」2005～2007年

泰國清邁軍用機場臨時指揮所背景。

準備回國之游擊健兒在泰國清邁最後午餐。

游擊健兒登機前之待命情形。

游擊健兒魚貫進入機場行列。

游擊健兒登上祖國空軍運輸機的那一刻。

游擊健兒離開專機一瞬間。

屏東空軍基地迎接游擊健兒歸國情形。

國軍各軍種將領迎接游擊健兒下機情形。

國防部女青年隊員服務歸國游擊健兒情況。

歸國游擊健兒接受中外媒體記者訪問情形。

游擊健兒整隊搭車行列。

游擊健兒離開屏東空軍基地情形。

國家圖書館出版品預行編目

走過金三角 / 李學華著. -- 一版. -- 臺北市
：秀威資訊科技, 2008.11
　　面； 公分. --(史地傳記類；PC0041)
BOD版
參考書目：面
ISBN 978-986-221-083-3(平裝)

1. 李學華　2. 臺灣傳記

783.3886　　　　　　　　　　　97018074

史地傳記類　PC0041

走過金三角

作　　者 / 李學華
發 行 人 / 宋政坤
執行編輯 / 黃姣潔
圖文排版 / 林蔚靜
封面設計 / 莊芯媚
數位轉譯 / 徐真玉　沈裕閔
圖書銷售 / 林怡君
法律顧問 / 毛國樑　律師
出版發行 / 秀威資訊科技股份有限公司
　　　　　臺北市內湖區瑞光路583巷25號1樓
　　　　　電話：02-2657-9211　　傳真：02-2657-9106
　　　　　E-mail：service@showwe.com.tw

2008 年 11 月　BOD 一版
定價：310 元

讀 者 回 函 卡

感謝您購買本書，為提升服務品質，請填妥以下資料，將讀者回函卡直接寄回或傳真本公司，收到您的寶貴意見後，我們會收藏記錄及檢討，謝謝！如您需要了解本公司最新出版書目、購書優惠或企劃活動，歡迎您上網查詢或下載相關資料：http:// www.showwe.com.tw

您購買的書名：＿＿＿＿＿＿＿＿＿＿＿＿＿＿＿＿＿＿＿＿＿＿＿

出生日期：＿＿＿＿＿年＿＿＿＿＿月＿＿＿＿＿日

學歷：□高中 (含) 以下　　□大專　　□研究所 (含) 以上

職業：□製造業　□金融業　□資訊業　□軍警　□傳播業　□自由業
　　　□服務業　□公務員　□教職　　□學生　□家管　　□其它＿＿＿＿

購書地點：□網路書店　□實體書店　□書展　□郵購　□贈閱　□其他

您從何得知本書的消息？

　□網路書店　□實體書店　□網路搜尋　□電子報　□書訊　□雜誌

　□傳播媒體　□親友推薦　□網站推薦　□部落格　□其他＿＿＿＿＿＿

您對本書的評價：（請填代號　1.非常滿意　2.滿意　3.尚可　4.再改進）

　封面設計＿＿＿　版面編排＿＿＿　內容＿＿＿　文／譯筆＿＿＿　價格＿＿＿

讀完書後您覺得：

　□很有收穫　□有收穫　□收穫不多　□沒收穫

對我們的建議：＿＿＿＿＿＿＿＿＿＿＿＿＿＿＿＿＿＿＿＿＿＿＿

＿＿＿＿＿＿＿＿＿＿＿＿＿＿＿＿＿＿＿＿＿＿＿＿＿＿＿＿＿＿＿

＿＿＿＿＿＿＿＿＿＿＿＿＿＿＿＿＿＿＿＿＿＿＿＿＿＿＿＿＿＿＿

＿＿＿＿＿＿＿＿＿＿＿＿＿＿＿＿＿＿＿＿＿＿＿＿＿＿＿＿＿＿＿

11466
台北市內湖區瑞光路 76 巷 65 號 1 樓

秀威資訊科技股份有限公司　　　收

BOD 數位出版事業部

┈┈┈┈┈┈┈┈┈┈┈┈┈┈┈┈┈┈┈┈┈┈┈┈┈┈┈┈┈┈┈

（請沿線對折寄回，謝謝！）

姓　　名：＿＿＿＿＿＿＿＿　年齡：＿＿＿　性別：□女　□男

郵遞區號：□□□□□

地　　址：＿＿＿＿＿＿＿＿＿＿＿＿＿＿＿＿＿＿＿＿＿

聯絡電話：(日) ＿＿＿＿＿＿＿＿＿ (夜) ＿＿＿＿＿＿＿＿＿

E-mail：＿＿＿＿＿＿＿＿＿＿＿＿＿＿＿＿＿＿＿＿＿